HOW
이렇게 활용하세요.

...이지를 펼쳐서 세워 두세요.

...성 연도와 상관없이

'...보는 ... 사용 가능'하기 때문에

학습을 시작하는 [월/일]에 맞는 페이지부터 펼쳐서

자유롭게 학습을 시작할 수 있습니다.

오늘의 대표 문장 & 기초 회화 패턴을 수시로 보면서 익히세요.

오늘의 [월/일]에 맞는 페이지를 펼쳐서

집, 사무실 등 원하는 곳에 일력을 세워 둔 후

오늘의 대표 문장과 기초 회화 패턴을

수시로 보며 부담 없이 익히세요.

듣고 따라 말하며 발음도 익혀 보세요.

페이지 상단의 QR코드를 휴대폰으로 스캔하여

mp3를 듣고 따라 말하는 연습까지 해 보세요.

[www.siwonschool.com]에 회원 가입 후

[학습지원센터] > [공부자료실]에서 mp3 다운로드 가능

Let's suppose
you're a young college student.

네가 젊은 대학생이라고
가정해 보자.

Let's suppose ~
~라고 가정해 보자.

suppose는 '가정하다'라는 뜻의 동사이기 때문에 위 표현은 어떠한 상황을 가정해서 이야기해 보자고 제안하는 표현입니다.

응용문장

Let's suppose you win the lottery tomorrow.
네가 내일 복권에 당첨된다고 가정해 보자.

① 페이지 상단에 날짜가 알아 보기 쉽게 표기돼 있어 자신의 학습 날짜에 맞는 날짜를 찾아서 펼쳐 놓기 쉽습니다.

② 그날의 대표 문장이 한글 해석과 함께 소개됩니다. 모든 문장마다 삽화를 수록하여 보는 즐거움을 더했습니다.

③ 문장에 쓰인 필수 회화 패턴을 한글 해석 및 간략한 해설과 함께 소개한 후 응용 문장 1개까지 추가 수록하였습니다.

④ 휴대폰으로 QR코드를 스캔하면 대표 문장과 응용 문장 1개의 mp3 파일을 바로 듣고 따라 말해 볼 수 있습니다.

Nothing can be trusted, official or not.

공식적이든 아니든
아무것도 믿을 수 없어.

Nothing can be ~
아무것도 ~할 수 없어.

위 표현은 특정 조건 없인 아무것도 안된다는 단호함, 혹은 가능한 게 아무것도 없다는 절망감을 드러낼 때에도 쓰입니다.

Nothing can be achieved without hard work.
힘든 일 없이는 아무것도 이뤄질 수 없어.

1
January

**The beginning is
half of the whole.**

시작이 반입니다.

You have every reason to be happy in your relationship.

넌 네 관계에 있어 행복할
충분한 이유가 있어.

You have every reason to-V
넌 ~할 충분한 이유가 있어.

'넌 ~할 모든 이유가 있어'라고 해석되는 위 표현은 '넌 ~할 충분한 이유가 있어'라는 말로 자연스럽게 풀이 가능합니다.

응용문장

You have every reason to celebrate your success.
넌 너의 성공을 축하할 충분한 이유가 있어.

As far as I know,
they're still there.

내가 아는 한,
그들은 아직 거기 있어.

As far as I know,
내가 아는 한,

'As far as(~하는 한)+I know(내가 안다) = 내가 아는 한'이라는 뜻의 위 표현은 나의 주관적 정보로 뭔가를 추측해서 말할 때 씁니다.

응용문장

As far as I know, you can't find her at night.
내가 아는 한, 밤에는 그녀를 찾을 수 없어.

It's only a matter of time before it spreads across the entire country.

그게 전국으로 퍼지는 것은
시간문제일 뿐이야.

It's only a matter of time before ~
~인 것은 시간문제일 뿐이야.

위 표현은 결국 발생할 수밖에 없는 일이 반드시 일어나게 될 것임을 확고하게 말할 때 쓸 수 있는 표현입니다.

응용문장

It's only a matter of time before we find a solution.
우리가 해결책을 찾는 것은 시간문제일 뿐이야.

2

All you need to do is relax.

넌 긴장을
풀기만 하면 돼.

All you need to do is V
넌 ~하기만 하면 돼.

위 표현은 복잡하게 여러 가지를 할 필요 없이 딱 한 가지만 하면 된다고 상대방에게 조언[격려]할 때 곧잘 씁니다.

응용문장

All you need to do is believe in yourself.
넌 네 자신을 믿기만 하면 돼.

It's not necessary to use that.

그것을 사용할
필요는 없어.

It's not necessary to-V
~할 필요는 없어.

위 표현은 필수적으로 할 필요가 없는 행동에 대하여 '~할 필요는 없어'라고 안내해
줄 때 쓸 수 있는 표현입니다.

응용문장

It's not necessary to fill out the entire form.
전체 양식을 작성할 필요는 없어.

3

All I can do is pray for him.

내가 할 수 있는 건 그를 위한 기도뿐이야.

All I can do is V
내가 할 수 있는 건 ~뿐이야.

위 표현은 한 가지 방법 외엔 대안이 없는 경우 '내가 할 수 있는 건 ~(하는 것) 뿐이야'라고 강조해서 말할 때 씁니다.

응용문장

All I can do is wait for their decision.
내가 할 수 있는 건 그들의 결정을 기다리는 것뿐이야.

It's my job to sign it.

서명하는 게
내 일이야.

It's my job to-V
~하는 게 내 일이야.

위 표현은 내 자신이 맡은 직무가 무엇인지 정확히 밝히면서 이에 대한 강한 책임감이나 자부심을 드러낼 때 쓰는 표현입니다.

It's my job to answer customer inquiries.
고객 문의에 답하는 게 내 일이야.

4

Are you saying (that) you don't do that?

넌 그렇게 하지 않겠다는 말이야?

Are you saying (that) ~?
넌[네 말인즉슨] ~라는 말이야?

위 표현은 상대방의 의도를 좀 더 명확히 이해하기 위해 '그러니까 네 말인즉슨 ~라는 거야?'라는 뉘앙스로 물을 때 씁니다.

응용문장

Are you saying (that) it's impossible?
넌 그게 불가능하다는 말이야?

I can't bring myself to write about books that I don't like.

난 마음에 들지 않는 책을 쓸 엄두가 나지 않아.

I can't bring myself to-V
난 ~할 엄두가 나지 않아.

'나 내 자신을 ~하게 할 수가 없어'라고 해석되는 위 표현은 '난 ~할 엄두가 나지 않아'로 자연스럽게 풀이 가능합니다.

응용문장

I can't bring myself to tell her the truth.
난 그녀에게 사실을 말할 엄두가 나지 않아.

Are you trying to say (that) I'm dumb?

너 지금 내가 바보라고
말하려는 거야?

Are you trying to say (that) ~?
너 지금 ~라고 말하려는 거야?

위 표현은 상대방이 한 말의 의도를 명확히 이해하고자 할 때, 혹은 약간 비난하듯
'그 말 진짜야?'라는 뉘앙스로 물을 때 씁니다.

응용문장

Are you trying to say (that) you lost my phone?
너 지금 내 폰을 잃어버렸다고 말하려는 거야?

I can't help feeling (that) we're losing something.

난 우리가 무언가를 잃어가고 있다는 느낌을 지울 수가 없어.

I can't help feeling (that) ~
난 ~라는 느낌을 지울 수가 없어.

'내가 ~라고 느끼는 걸 어찌할 도리가 없어'라고 해석되는 위 표현은 '난 ~라는 느낌을 지울 수가 없어'로 풀이 가능합니다.

응용문장

I can't help feeling (that) something is wrong.
난 뭔가 잘못됐다는 느낌을 지울 수가 없어.

6

There is nobody around here.

이 근처에
아무도 없네요.

around here
이 근처에

위 표현은 [이곳(here)]이라는 '점'을 중심으로 그 근거리에 있는 [주변(around)] 지역을 가리킬 때 씁니다.

Is there a department store around here?
이 근처에 백화점 있나요?

I warned you (that) the traffic was bad.

교통 상황이 좋지 않다고
내가 경고했지.

I warned you (that) ~
~을 내가 경고했지.

위 표현은 이전에 경고했던 일이 실제로 일어났거나 일어나고 있음을 상대방에게
알리며 지적하고 경각심을 줄 때 쓰입니다.

응용문장

I warned you (that) the deadline was approaching.
마감일이 다가오고 있다고 내가 경고했지.

I'm available for dinner.

나 저녁 먹을 시간 돼.

I'm available for ~
나 ~을 할 시간이 돼.

'시간이 돼[있다]'라는 말을 할 때 'have time' 대신 'available(시간이 있는)'이란 한 단어를 쓰면 간단하고도 세련되게 말할 수 있습니다.

응용문장

I'm available for a meeting tomorrow.
나 내일 회의를 할 시간이 돼.

I was told
I could be anything I want.

난 내가 원하는 건 무엇이든
될 수 있다고 들었어.

I was told ~
난 ~라고 들었어.

'난 ~라는 알림을 받았어'라고 직역되는 위 표현은 결국 '난 ~라고 들었어'라는 말로
자연스럽게 풀이 가능합니다.

응용문장

I was told the meeting has been rescheduled.
난 회의 일정이 변경되었다고 들었어.

8

I'm glad you're here.

난 네가
여기 있어서 기뻐.

I'm glad ~
난 ~라서 기뻐.

'~라서[때문에]'가 있다고 해서 'I'm glad because ~'라고 할 필요 없습니다. 그냥 'I'm glad' 뒤에 because 없이 문장만 말해도 됩니다.

I'm glad we had this conversation.
난 우리가 이런 대화를 나눠서 기뻐.

I heard
you were in London.

난 네가 런던에 있었다고
들었어.

I heard ~
난 ~라고 들었어.

위 표현은 말 그대로 어떤 소식을 들었다고 말할 때 쓰는 표현이며, 특히 '간접적으로 들었다'는 뉘앙스로 말하는 표현입니다.

응용문장

I heard it's going to rain tomorrow.
난 내일 비가 올 거라고 들었어.

9

This is
by far the best.

이건
단연 최고야.

by far the best
단연 최고의[인]

위 표현은 'by far(단연코)+the best(최고)'가 만나 만들어진 표현이며, 어떤 것이 그 집단에서 압도적으로 우위에 있을 때 사용합니다.

The white dress is by far the best.
흰색 원피스가 단연 최고야.

I'm a huge fan of the Korean drama.

난 한국 드라마의 광팬이야.

I'm a huge fan of ~
난 ~의 광팬이야.

위 표현은 어떤 대상을 너무나 좋아해서 푹 빠져 있다고 말할 때 'I really like' 대신 쓸 수 있는 아주 좋은 표현입니다.

응용문장

I'm a huge fan of science fiction movies.
난 공상과학 영화의 광팬이야.

10

It is not as bad as I thought.

그건 생각했던 것만큼 나쁘진 않아.

be not as bad as ~

~만큼 나쁘진 않다

위 표현은 부정적[비관적]일 수 있는 상황에서 긍정적인 마인드로 '나쁘진 않다(최악은 아니네)'라는 뉘앙스로 말할 때 사용합니다.

It is not as bad as I expected.

그건 예상했던 것만큼 나쁘진 않아.

I'm in charge of all the cooking classes.

난 모든 요리 수업을
담당하고 있어.

I'm in charge of N/V-ing
난 ~을 담당하고 있어.

'난 ~의 책임 안에 있어'라고 직역되는 위 표현은 결국 '난 ~(이라는 대상/직무)를 담당하고 있어'라는 말로 풀이됩니다.

응용문장

I'm in charge of planning the upcoming event.
난 이번 행사를 기획하는 것을 담당하고 있어.

11

Can I come in?

들어가도 될까?

Can I V?
~해도 될까?

조동사 can은 '~할 수 있다' 외에 '~해도 된다'라는 [허락]의 뉘앙스로도 쓰이기 때문에 'Can I V?'는 '~해도 될까?'로 풀이됩니다.

응용문장

Can I join you for lunch?
너랑 같이 점심 먹어도 될까?

I'd be lying if I said I wasn't worried.

걱정되지 않는다고 말한다면
그건 거짓말이야.

I'd be lying if I said ~
~라고 말한다면 그건 거짓말이야.

위 표현은 내 마음속에 있는 생각이 '정말 진심이고 진짜'라는 것을 강조하며 말하고 싶을 때 쓸 수 있는 표현입니다.

응용문장

I'd be lying if I said I didn't miss my hometown.
고향이 그립지 않다고 말한다면 그건 거짓말이야.

12

Can I get some water?

물 좀 줄 수 있어?

Can I get[have] ~?
~을 줄 수 있어?

위 표현은 직역하면 '내가 ~을 얻을 수 있을까?'이며, 이는 곧 '(나에게) ~을 줄 수 있어?'라고 요청하는 질문으로 풀이됩니다.

응용문장

Can I get a sandwich with no onions?
양파가 안 들어간 샌드위치로 줄 수 있어?

It's overwhelming to think about the size of this task.

이 일의 규모를 생각하면
압도적이야.

It's overwhelming to-V
~하는 것은 압도적이야.

위 표현은 어떤 것을 하는 것이 감당하기에 너무 버겁고 벅차 '압도적이다'라는 뜻으로 말할 때 쓰는 표현입니다.

응용문장

It's overwhelming to face such a big challenge.
이런 큰 도전에 직면하는 것은 압도적이야.

13

Can I get you something to drink?

뭐 마실 거라도 좀 갖다 줄까?

Can I get you ~?
~을 갖다 줄까?

위 표현은 '내가 너에게 ~을 갖다 줘도 될까?'라고 해석되며, 이는 곧 상대방에게 '~을 갖다 줄까?'라고 친절히 묻는 질문입니다.

응용문장

Can I get you another cup of coffee?
커피 한 잔 더 갖다 줄까?

I regret (that)
I missed him.

난 그를
그리워했던 것이 후회돼.

I regret (that) ~
난 ~한 것이 후회돼.

위 표현은 내가 아쉬움이나 후회를 느끼는 행동을 회상하며 '(그러면 안 됐는데) 그렇게 해서 후회된다'고 말할 때 쓰입니다.

응용문장

I regret (that) I didn't listen to your advice.
난 네 충고를 듣지 않았던 것이 후회돼.

This
cannot be true.

이건
사실일 리가 없어.

cannot be ~

~일 리가 없다

위 표현은 단순히 '아니다'라고 말하는 것보다 훨씬 더 강력하고 확고한 뉘앙스로 '단호하게 부정'하고 싶을 때 쓰는 표현입니다.

응용문장

The story cannot be true.
그 이야기는 사실일 리가 없어.

I need to check if I have the latest data.

난 내가 최신 데이터를 가지고
있는지 확인할 필요가 있어.

I need to check if ~
난 ~인지 확인할 필요가 있어.

위 표현은 제대로 알고 있다고 확신이 들지 않거나 불안함을 느끼는 상황에 대해 '~
인지 확인해 봐야겠다'는 뜻으로 쓰입니다.

응용문장

I need to check if my phone is charging properly.
난 내 전화기가 제대로 충전되고 있는지 확인할 필요가 있어.

I have to finish
this report by 5 p.m.

나 이 보고서를
오후 5시까지 끝내야 해.

I have to-V
난 ~해야 해.

위 표현은 '(나의 의지로) ~해야 한다'는 뉘앙스라기보다 '(외부적 요구/필요성에 의해) ~해야 한다'는 뉘앙스의 표현입니다.

응용문장

I have to attend the meeting in the afternoon.
난 오후에 회의에 참석해야 해.

That's no way to think about it.

그것에 대해
그렇게 생각하면 안 돼.

That's no way to-V
그렇게 ~하면 안 돼.

'그것은 ~하는 방법이 절대 아니야'라고 직역되는 위 표현은 결국 '그렇게 ~하면 안 돼'라는 말로 풀이 가능합니다.

응용문장

That's no way to speak to your elders.
어른들에게 그렇게 말하면 안 돼.

16

Do I have to forgive them?

내가
그들을 용서해야 해?

Do I have to-V?
내가 ~해야 해?

위 표현은 어떤 일을 해야 할 필요가 있는지 '확인'하거나 혹은 이걸 꼭 해야만 하느냐는 뉘앙스로 '불편함'을 드러낼 때 사용합니다.

응용문장

Do I have to pay for parking?
내가 주차비를 내야 해?

There is some kind of debt, in a way.

어느 정도는
빚이 조금 있어.

There is some ~
~이 조금 있어.

'There is ~(~이 있어)'라는 표현에 'some(약간, 조금)'을 붙여 말하면 '~이 조금
[약간] 있어'라는 뜻의 표현이 됩니다.

응용문장

There is some leftover pizza in the fridge.
냉장고에 먹고 남은 피자가 조금 있어.

17

Why do I have to endure this burden?

왜 내가
이런 부담을 감수해야만 해?

Why do I have to-V?
왜 내가 ~해야만 해?

위 표현은 말 그대로 왜 해야 하는지 '이유'를 묻거나 혹은 대체 왜 해야만 하느냐는
뉘앙스로 '불편함'을 드러낼 때 사용합니다.

> **응용문장**

Why do I have to do all the chores by myself?
왜 내가 혼자서 집안일을 다 해야만 해?

Let me tell you how that works.

그게 어떻게 작동하는지
말해 줄게.

Let me tell you ~

~을 말해 줄게.

'내가 너에게 ~을 말하게 해 줘'라고 직역되는 위 표현은 결국 '(너에게) ~을 말해 줄게'라고 제안하는 말로 풀이됩니다.

응용문장

Let me tell you a secret I've been keeping.
내가 간직해왔던 비밀을 말해 줄게.

18

You didn't have to buy it.

넌 그걸
살 필요가 없었어.

didn't have to-V
~할 필요가 없었다

위 표현은 하지 않았어도 되거나 하지 말았어야 할 행동을 가리켜 '~할 필요가 없었다'는 '후회'의 뉘앙스로 말하는 표현입니다.

응용문장

You didn't have to say those hurtful words.
넌 그렇게 상처 주는 말을 할 필요가 없었어.

Don't hesitate
to call.

주저하지 말고
전화해.

Don't hesitate to-V
주저하지 말고 ~해.

위 표현은 상대방이 자신감을 갖고 어떤 행동을 할 수 있도록 긍정적인 어조로 격려[권유]할 때 쓸 수 있는 표현입니다.

응용문장

Don't hesitate to express your opinion.
주저하지 말고 네 의견을 말해.

19

Do you mind if I ask you a personal question?

내가 개인적인 질문 좀 해도 될까?

Do you mind if I V?

내가 ~해도 될까?

위 표현은 직역하면 '내가 ~하는 거 꺼려?''이기 때문에 '괜찮다'고 답할 땐 'No, I don't.(아니, 안 꺼려.)'라고 해야 합니다.

응용문장

Do you mind if I turn down the volume?

내가 볼륨을 좀 줄여도 될까?

Let me see if I'm correct.

내가 맞는지 한번 볼게.

Let me see if ~
~인지 한번 볼게.

'~인지 내가 보게 해 줘'라고 직역되는 위 표현은 결국 '~인지 내가 한번 볼게'라고 제안하는 말로 풀이됩니다.

응용문장

Let me see if there's a way to fix this issue.
이 문제를 해결할 방법이 있는지 한번 볼게.

20

I don't feel like dancing full out.

나 전력을 다해 춤출 기분이 아니야.

I don't feel like V-ing
난 ~할 기분이 아니야.

위 표현은 직역하면 '난 ~하는 것처럼 느끼지 않아'이며, 그렇게 하는 느낌이 안 들 만큼 '난 ~할 기분이 아니야'라는 뜻으로 풀이됩니다.

응용문장

I don't feel like going out tonight.
나 오늘 밤엔 밖에 나갈 기분이 아니야.

I'm sick of you all thinking that you're better than me.

난 나보다 낫다고 생각하고 있는
너희들 전부가 지겨워.

I'm sick of N/V-ing
난 ~이 지겨워.

위 표현은 'sick(지겨운)'이라는 형용사가 들어간 표현이며, 뒤에 'of+지겨움을 느끼는 대상/행위'를 붙여 말하면 됩니다.

응용문장

I'm sick of eating the same food every day.
난 매일 똑같은 음식을 먹는 것이 지겨워.

21

I ended up
eating too much.

난 결국
많이 먹고 말았어.

I ended up V-ing
난 결국 ~하고 말았어.

위 표현은 직역하면 '난 ~하는 것을 완전히 끝냈어'이며, 이를 좀 더 자연스럽게 해석하면 '난 결국 ~하고 말았어'로 풀이됩니다.

응용문장

I ended up falling asleep halfway through.
난 결국 중간에[도중에] 잠들고 말았어.

It takes a while to overcome those deficiencies.

그런 부족함들을 극복하는 데엔
시간이 좀 걸려.

It takes a while to-V
~하는 데엔 시간이 좀 걸려.

위 표현은 어떤 것을 성취하려면 꽤 오랜 시간 동안 노력과 인내를 투자해야 한다는 뉘앙스로 말할 때 쓰는 표현입니다.

응용문장

It takes a while to build trust in a relationship.
관계에 있어 신뢰를 쌓는 데엔 시간이 좀 걸려.

I feel
ripped off.

난 정말
속았다는 기분이 들어.

I feel ~
난 ~한 기분이 들어.

'기분이 든다'라고 해서 '기분'과 '든다'에 해당하는 영어 단어를 찾을 필요 없이 간단하게 'feel(느끼다)'를 써서 말하면 됩니다.

응용문장

I feel taken advantage of.
난 이용당했다는 기분이 들어.

I feel grateful (that)
these places actually exist.

난 이런 곳들이 실제로
존재한다는 것에 고마움을 느껴.

I feel grateful (that) ~
난 ~에 고마움[감사함]을 느껴.

위 표현은 어떤 대상/사람/상황에 대해 깊은 고마움[감사함]을 느낄 때 이를 표할 수 있는 진심 어린 감사 표현입니다.

응용문장

I feel grateful (that) I have a stable job.
난 내가 안정적인 직업을 가진 것에 감사함을 느껴.

23

I feel like a hero.

난
영웅처럼 느껴져.

I feel like N
난 ~처럼 느껴져.

위 표현은 말 그대로 'I feel(난 느껴져)+like N(~처럼) = 난 (내 자신이) ~처럼 느껴져'라는 뜻으로 쓰는 표현입니다.

After winning the race, I feel like a champion.
경기에서 이기고 나니, 난 챔피언처럼 느껴져.

5

I have doubts about all of these.

난 이 모든 것에 대해
의심이 들어.

I have doubts about ~
난 ~에 대해 의심[의문]이 들어.

위 표현은 어떤 대상에 대해 긍정적인 확신이 서지 않거나 불안감이 내포된 의구심
이 들 경우 쓸 수 있는 표현입니다.

응용문장

I have doubts about the safety of that product.
난 그 제품의 안전성에 대해 의문이 들어.

I feel like eating more.

난
더 먹고 싶어.

I feel like V-ing
난 ~하고 싶어.

위 표현은 직역하면 '난 ~하는 것처럼 느껴져'이며, 그렇게 하는 느낌이 들 만큼 '난 ~하고 싶어'라는 뜻으로 풀이됩니다.

응용문장

I feel like playing one more round.
나 한판 더 하고 싶어.

4

You're not allowed to say this.

넌 이런 말을 하면 안 돼.

You're not allowed to-V
넌 ~하면 안 돼.

위 표현은 다소 엄격한 뉘앙스로 상대방에게 특정 행위를 하지 말라고 지시[명령]할 때 쓸 수 있는 표현입니다.

응용문장

You're not allowed to smoke inside the building.
넌 건물 내에서 담배를 피면 안 돼.

I got my son
to move out here.

난 아들에게
여기서 이사 나가라고 시켰어.

get someone to-V
~에게 ~하라고 시키다

get 뒤에 '사람+to-동사'를 붙여 말하면 '그 사람이 어떠한 행동을 하게끔 만들다 [시키다]'라는 뜻의 표현이 됩니다.

응용문장

I got my daughter to help with the chores.
난 딸에게 집안일을 도우라고 시켰어.

I seldom remember what I was saying at the time.

난 그때 내가 무슨 말을 했는지
거의 기억하지 못해.

I seldom V
난 거의 ~하지 않아[못해].

위에서 seldom은 '거의 ~(하지) 않는'이라는 뜻의 부사이며, 이 뒤에 거의 하지 않는 행동[동사]을 붙여서 말하면 됩니다.

응용문장

I seldom complain about small inconveniences.
난 사소한 불편함에 대해서는 거의 불평하지 않아.

I got you some coffee from the coffee shop.

너 주려고
커피숍에서 커피를 샀어.

I got you ~
너 주려고 ~을 샀어.

get 뒤에 'you(너)+너에게 주는 물건'을 붙여 말하게 되면 위와 같이 '너 주려고 ~을 샀어'라는 뜻의 표현이 됩니다.

응용문장

I got you a pastry from the bakery.
너 주려고 빵집에서 페이스트리 하나를 샀어.

2

Not everyone recovers to full health again.

모두가 다시 완전한 건강을
회복하는 것은 아니야.

Not everyone V
모두가 ~하는 것은 아니야.

위 표현은 모든 사람이 같은 행동[생각]을 하지 않음을 강조하며 '결코 일반화를 해
선 안 된다'는 뉘앙스로 말하는 표현입니다.

응용문장

Not everyone agrees with the new policy.
모두가 새로운 정책에 동의하는 것은 아니야.

27

Now, here's what we're going to do.

지금, 우리가 할 건 이거야.

Here's what ~

~할 건 이거야.

위 표현은 어떠한 주제를 소개/제안하기 전 그러한 것을 소개/제안할 것이라고 '말 문을 여는 표현'이라 볼 수 있습니다.

응용문장

Here's what I suggest for you.
내가 너한테 제안하는 건 이거야.

How do you suggest we overcome that?

우리가 어떻게
그것을 극복하면 좋을까?

How do you suggest ~?
어떻게 ~하면 좋을까?

'~을 어떻게 할 것을 제안해?'라고 해석되는 위 표현은 결국 그것을 '어떻게 하면 좋을지' 의견을 묻는 말로 풀이됩니다.

응용문장

How do you suggest we organise the event?
우리가 어떻게 행사를 준비하면 좋을까?

28

What kind of movies do you recommend?

어떤 종류의 영화를
추천해?

What kind of N ~?

어떤 종류의 ~?

위 표현은 말 그대로 어떤 큰 주제에 놓고 그 주제의 하위 개념에 해당하는 세부적인 '종류(kind)'에 대해 물을 때 사용합니다.

응용문장

What kind of music do you like to listen to?
어떤 종류의 음악을 듣길 좋아해?

12

December

**Every moment is
a fresh beginning.**

모든 순간이 새로운 시작입니다.

How wonderful it would be if they were sent back to school!

만일 그들이 학교로 돌아간다면 얼마나 좋을까!

How wonderful it would be if ~!
만일 ~라면 얼마나 좋을까!

위 표현은 '(현재는 그렇지 않지만) 만약 그렇다면 얼마나 좋을까'라고 가정하는 표현이며, if 뒤엔 과거형 동사를 씁니다.

응용문장

How wonderful it would be if I could speak English well!
만일 내가 영어를 잘한다면 얼마나 좋을까!

I'm addicted to starting new businesses.

난 새로운 사업을
시작하는 것에 중독됐어.

I'm addicted to N/V-ing
난 ~에 중독됐어.

위 표현은 'addicted(중독된)'이라는 형용사가 들어간 표현이며, 이 뒤에 'to+중독이 된 대상/행위'를 붙여 말합니다.

응용문장

I'm addicted to chocolate. I can't resist it.
난 초콜릿에 중독됐어. 그걸 거부할 수가 없네.

How much would it cost to clean up?

다 치우는 데 얼마나 들어?

How much would it cost to-V?
~하는 데 얼마나 들어?

위 표현은 말 그대로 어떤 일을 하는 데 있어 '얼마만큼의 비용이 들지 파악[예상]'
하기 위해 묻는 질문입니다.

응용문장

How much would it cost to raise 3 children in Korea?
한국에서 3명의 아이를 키우는 데 얼마나 들어?

I'm anxious to see you and be with you.

난 너무 너를 보고 싶고
너와 함께하고 싶어.

I'm anxious to-V
난 너무 ~하고 싶어.

anxious는 '염려[걱정]하는'이라는 뜻 외에 '간절히 바라는'이라는 뜻도 있기 때문에 위 표현은 '난 너무 ~하고 싶어'로 풀이됩니다.

응용문장

I'm anxious to meet my new coworkers.
난 새로운 직장동료들을 너무 만나 보고 싶어.

How's your new job going?

요즘 너 새 직장은
어떻게 돼 가고 있어?

How's N going?
요즘 ~는 어떻게 돼 가고 있어?

위에서 go는 '(어떤 일 등이) 진행되어 가다'라는 의미로 쓰였기 때문에 '요즘 ~는 어떻게 (진행)돼 가고 있어?'라고 풀이됩니다.

응용문장

How's your report going?
요즘 너 리포트는 어떻게 돼 가고 있어?

I'm anxious about the threat of a nuclear war.

난 핵전쟁의 위협이
걱정돼.

I'm anxious about N/V-ing
난 ~이 걱정돼.

위 표현은 'anxious(염려[걱정]하는)'이라는 형용사가 들어간 표현이며, 이 뒤에 'about+걱정하는 대상/행위'를 붙여 말합니다.

응용문장

I'm anxious about moving to a new city.
난 새로운 도시로 이사 가는 것이 걱정돼.

2

FEBRUARY

Little by little does the trick.

조금씩 조금씩이 큰 일을 해냅니다.

I'm sorry to say, but I moved back to that area.

이렇게 말해서 미안하지만,
난 그 지역으로 다시 이사 갔어.

I'm sorry to say, but ~
이렇게 말해서 미안하지만, ~

위 표현은 상대방이 듣기에 편치 않은 정보를 최대한 기분 상하지 않게 들을 수 있도록 예의를 갖춰 말할 때 씁니다.

응용문장

I'm sorry to say, but the event has been cancelled.
이렇게 말해서 미안하지만, 행사는 취소됐어.

I see your point, but I would argue some of the details.

네 뜻은 알겠지만, 세부사항 중
일부에 대해 이의를 제기할게.

I see your point, but ~
네 뜻은 알겠지만, ~

위 표현은 상대방의 의견이 무엇인지는 이해했다는 정중함을 표하면서 그와는 다른 내 생각을 부드럽게 피력할 때 사용됩니다.

응용문장

I see your point, but I'm not sure if we can make it.
네 뜻은 알겠지만, 우리가 해낼 수 있을지 의문이야.

I'd love the opportunity to pray for you.

넣 위해 기도할 기회가
생기면 정말 좋겠어.

I'd love the opportunity to-V
~할 기회가 생기면 정말 좋겠어.

위 표현은 어떤 것을 하고 싶은 마음이 정말 '진심'이라는 점을 최대한 강조하면서 말할 수 있는 표현입니다.

응용문장

I'd love the opportunity to work on that project.
그 프로젝트 관련 일을 할 기회가 생기면 정말 좋겠어.

2

I see why it's so complicated.

왜 이렇게 복잡한지 알겠어.

I see why ~
왜 이렇게 ~인지 알겠어.

위에서 see는 '(보고) 알다, 파악하다'라는 뜻으로 쓰였기 때문에 '(보고 파악해 보니) 왜 이렇게 ~인지 알겠어'라고 풀이됩니다.

응용문장

I see why it took so long to figure out.
왜 이렇게 알아내는 데 그렇게 오래 걸렸는지 알겠어.

It goes without saying (that) they need to be high quality.

그것들이 높은 품질이어야
한다는 것은 말할 필요도 없지.

It goes without saying (that) ~
~라는 것은 말할 필요도 없지.

'~라는 사실은 말 없이 간다'라고 직역되는 위 표현은 '말할 필요 없이 ~라는 사실은 명백하다'는 뉘앙스로 풀이됩니다.

응용문장

It goes without saying (that) family comes first.
가족이 먼저라는 것은 말할 필요도 없지.

I mean,
I love my education.

내 말은,
난 내 교육 방식이 너무 좋다라는 거야.

I mean, ~
내 말은, ~

위 표현은 이전에 한 말을 좀 더 명확히 정리해서 말하고 싶을 때 '내 말은[다시 말해서]'라는 뜻으로 강조하는 추임새로 씁니다.

응용문장

I mean, I appreciate the effort you put into it.
내 말은, 네가 거기에 쏟은 노력에 내가 고맙다라는 거야.

Is there anything else to discuss?

그밖에 더
논의할 게 있어?

Is there anything ~?
~할 게 있어?

위 표현은 다양한 상황에서 상대방에게 필요한 건 없는지 친절한 뉘앙스로 물을 때
쓰는 매우 유용한 표현입니다.

응용문장

Is there anything you'd like to eat for dinner?
저녁으로 먹고 싶은 게 있어?

035

4

I didn't mean to interrupt.

방해하려는 의도는
아니었어.

I didn't mean to-V
~하려는 의도는 아니었어.

위 표현은 의도치 않게 한 행동에 대해 '(후회와 사과의 뉘앙스로) ~하려는 의도는
아니었어'라는 뜻으로 말하는 표현입니다.

응용문장

I didn't mean to say that. Are you okay?
그렇게 말하려는 의도는 아니었어. 괜찮아?

How is it (that)
we invented the Internet?

어쩌다 우리가
인터넷을 발명한 거야?

How is it (that) ~?
어쩌다 ~인 거야?

'~인 건 어떤 거야[어떻게 된 거야]?'라는 말은 '어쩌다 그런 상황이 있을 수 있게 된 거야?'라고 묻는 질문으로 풀이됩니다.

응용문장

How is it (that) he stays so calm under pressure?
어쩌다 그는 압박감 속에서도 그렇게 침착한 거야?

I'd love to, but
I'm really tired today.

나도 그러고 싶지만,
오늘 진짜 피곤해.

I'd love to, but ~
나도 그러고 싶지만, ~

위 표현은 상대방의 제안에 대해 '못해'라고 단호하게 거절하는 대신 완곡한 말투로
부드럽게 사양할 때 쓰는 표현입니다.

응용문장

I'd love to, but I don't have the money.
나도 그러고 싶지만, 돈이 없어.

What do you say about North Korea?

북한에 대해서는
어떻게 생각해?

What do you say about N/V-ing?
~에 대해(서는) 어떻게 생각해?

위 표현은 '~에 대해 무엇[어떤 의견]을 말할래?'라는 뜻이기 때문에 결국 '~에 대해 어떻게 생각해?'라는 말로 풀이됩니다.

응용문장

What do you say about trying a new restaurant?
새로운 식당에 가 보는 거에 대해 어떻게 생각해?

6

It's clear to me (that) you should break up with him.

네가 그와 헤어질 건
분명해.

It's clear to me (that) ~
~라는 건 분명해.

위 표현은 어떠한 사실[상황]이 분명하고 명백해 보일 때 '(보아하니) ~라는 건 분명해'라는 뜻으로 강조하는 표현입니다.

> **응용문장**

It's clear to me (that) you need some help with your homework.
네가 네 숙제에 도움이 필요한 건 분명해.

I took it for granted (that) I could just go out.

난 당연히 그냥 나갈 수 있을 거라 생각했어.

I took it for granted (that) ~
난 당연히 ~일 거라 생각했어.

위 표현은 당연할 거라 생각했던 일이 일어나지 않았을[못했을] 경우 이에 대한 당황스러움, 반성의 기색을 드러낼 때 쓰입니다.

응용문장

I took it for granted (that) you would be there.
난 당연히 네가 거기 있을 거라 생각했어.

7

It's hard to believe (that) you had depression.

네가 우울증이 있었다는 것이 믿어지지 않아.

It's hard to believe (that) ~
~라는 것이 믿어지지 않아.

위 표현은 놀라운 사실이나 믿기 어려운 일을 접했을 때 '믿어지지 않는다'고 강조하며 말할 때 쓰는 표현입니다.

응용문장

It's hard to believe (that) he is younger than me.
그가 나보다 어리다는 것이 믿어지지 않아.

I'm embarrassed to admit it.

나 그거
인정하기 부끄러워.

I'm embarrassed to-V
나 ~하기 부끄러워.

위 표현은 내가 어떠한 행동을 하거나 뭔가를 말하기엔 너무 부끄럽고 민망할 경우
쓰이는 표현입니다.

응용문장

I'm embarrassed to dance in public.
나 대중 앞에서 춤추기 부끄러워.

It's important to learn the basics of something.

어떤 것의 기초를
배우는 것은 중요해.

It's important to-V
~하는 것은 중요해.

위 표현은 말 그대로 어떤 행위의 중요성을 강조할 때 쓰는 표현이며, 주로 '조언, 안내'하는 뉘앙스로 곧잘 쓰입니다.

응용문장

It's important to learn the basics of a computer.
컴퓨터의 기초를 배우는 것은 중요해.

🎧 323

I'm going to do something even if I don't feel like it.

설령 그럴 기분은 아니더라도
난 뭔가를 할 거야.

even if ~
설령 ~이더라도

위 표현은 어떤 상황이 있다고 '상상[가정]'을 한 다음 만약 그런 상황이 있더라도 개의치 않겠다고 말할 때 쓰는 표현입니다.

응용문장

I'll remain positive even if the situation worsens.
설령 상황이 악화되더라도 난 긍정적인 태도를 유지할 거야.

It's not easy to find a job in the U.S.

미국에서 직업을 찾기가 쉽지 않아.

It's not easy to find ~

~을 찾기가 쉽지 않아.

위 표현은 어떠한 것을 찾는 과정이 어렵고 힘들어서 시간[노력]이 필요할 경우 '~을 찾기가 쉽지 않아'라고 강조하는 표현입니다.

It's not easy to find a parking spot around here.

이 근처에선 주차할 곳을 찾기가 쉽지 않아.

I'm going to love you even though I don't feel like it.

비록 그럴 기분이 아니지만 난 널 사랑할 거야.

even though ~
비록 ~이지만

위 표현은 실제 어떤 상황이 이미 존재함에도 불구하고 그런 상황을 개의치 않겠다고 말할 때 쓰는 표현입니다.

응용문장

He apologised even though it wasn't his fault.
비록 그건 그의 잘못이 아니었지만 그는 사과했어.

If I were in your shoes,
I would feel the same way.

내가 너라면,
나도 같은 감정을 느낄 거야.

If I were in your shoes, I would V
내가 너라면, ~할 거야.

'너의 신발을 신은(in your shoes)' 상황은 곧 '내가 너가 된 상황'을 비유하는 것이기 때문에 '내가 너라면'이라고 풀이됩니다.

응용문장

If I were in your shoes, I would resign.
내가 너라면, 사직할 거야.

I'm dying to know about this industry.

난 이 업계에 대해
알고 싶어 죽겠어.

I'm dying to-V
난 ~하고 싶어 죽겠어.

위 표현은 굉장히 하고 싶은 것이 있을 경우 그렇게 하고 싶어 '죽겠다(dying)'고 강하게 강조해서 말하는 표현입니다.

응용문장

I'm dying to visit Paris and see the Eiffel Tower.
난 파리에 가서 에펠탑을 보고 싶어 죽겠어.

She had been working later than usual.

그녀는 평소보다 늦게 일하고 있었어.

later than usual
평소보다 늦게

위 표현은 말 그대로 '평소보다(than usual) 늦게(later)'라는 뜻이며, 평소의 습관적 시간대보다 뭔가를 늦게(까지) 했을 때 사용합니다.

응용문장

I ate breakfast later than usual.
나는 평소보다 늦게 아침을 먹었어.

16

I'm bound to get some negative feedback.

난 분명 부정적인 피드백을 받을 거야.

I'm bound to-V
난 분명 ~할 거야.

위에서 bound는 '꼭 ~할 것 같은'이라는 뜻이기 때문에 위 표현은 '난 꼭 ~할 것 같아 → 난 분명 ~할 거야'라고 풀이됩니다.

응용문장

I'm bound to have challenges, but I won't give up.
난 분명 어려움에 부딪힐 거야, 하지만 난 포기하지 않을 거야.

12

You look like
you have great ideas.

넌 좋은 아이디어들이
있는 것처럼 보여.

You look like ~
넌 ~인 것처럼 보여.

위 표현은 상대방이 어떠한 상태[상황]라고 추측될 경우 '너 ~인 것처럼 보여[~인 것 같아]'라는 뜻으로 말할 때 사용합니다.

응용문장

You look like you didn't sleep well last night.
넌 어젯밤 잠을 잘 못 잔 것처럼 보여.

I don't sing very well anymore, but I used to sing pretty well.

나 이젠 노래를 잘 못하는데, 전엔 노래를 꽤 잘 했어.

I don't V anymore, but I used to-V
나 이젠 ~하지 않는데, 전엔 ~했어.

위에서 'don't V'는 '(현재) ~하지 않는다'는 뜻이고, 'used to-V'는 '(과거 한때 습관처럼) ~하곤 했다'는 뜻입니다.

응용문장

I don't eat meat anymore, but I used to enjoy it.
나 이젠 고기를 먹지 않는데, 전엔 즐겨 먹었어.

13

I'll let you know my thoughts.

내 생각들을 알려 줄게.

I'll let you know ~

~을 알려 줄게.

위 표현은 직역하면 '내가 너로 하여금 ~을 알도록 해 줄게'이며, 이는 곧 '~을 알려 줄게'라는 뜻으로 풀이됩니다.

응용문장

I'll let you know my schedule.
내 계획을 알려 줄게.

I wish you wouldn't talk to me that way.

난 네가 나에게 그런 식으로
말하지 않았으면 좋겠어.

I wish you wouldn't V
난 네가 그렇게 ~하지 않았으면 좋겠어.

위 표현은 상대방의 특정 행동이나 습관에 불만이 있을 경우 그렇게 하지 말 것을
에둘러 부드럽게 부탁하는 표현입니다.

> 응용문장

I wish you wouldn't stay up so late every night.
난 네가 그렇게 매일 밤 늦게까지 깨 있지 않았으면 좋겠어.

14

I'm looking forward to meeting you.

넌 만날 것을
기대하고 있어.

I'm looking forward to N/V-ing
난 ~을 기대하고 있어.

위 표현은 직역하면 '난 ~을 향해 앞으로 내다보고 있어'이며, 이는 곧 그렇게 내다 볼 만큼 '기대하고 있다'는 뜻으로 풀이됩니다.

응용문장

I'm looking forward to our vacation next month.
난 다음 달 우리 휴가를 기대하고 있어.

I could have explained that argument.

난 그 논쟁을
설명할 수도 있었어.

I could have p.p.
난 ~할 수도 있었어.

위 표현은 과거에 안 했던 일을 떠올리면서 '그때 그 일을 할 수도 있었는데'라는 아쉬움이나 후회를 나타내는 표현입니다.

응용문장

I could have made a different choice.
난 다른 선택을 내릴 수도 있었어.

My question is,
what can we do?

내가 궁금한 건,
우리가 무엇을 할 수 있는지야.

My question is, ~

내가 궁금한 건, ~

위 표현은 내가 궁금한 점을 상대방에게 보다 분명하게 전달하기 위해 '내가 궁금한
건'이라는 뜻으로 강조하는 추임새입니다.

응용문장

My question is, are you really in love with her?
내가 궁금한 건, 너[네가] 정말 그녀를 사랑해?[사랑하는지야.]

Don't be afraid to go to the top.

정상으로 가는 것을 두려워하지 마.

Don't be ~
~하지 마.

위 표현은 상대방에게 도움이 되지 않는 마음가짐이나 태도를 가지지 말라고 권고 및 경고할 때 쓸 수 있는 표현입니다.

응용문장

Don't be too critical of yourself.
자기 자신을 너무 비판하지 마.

16

You might not like this.

넌 이걸
안 좋아할지도 몰라.

You might not like ~
넌 ~을 안 좋아할지도 몰라.

위 표현은 호불호가 있을 수 있는 대상을 놓고 상대방에게 '넌 (어쩌면) ~을 안 좋아할 수도 있다'는 뉘앙스로 말하는 표현입니다.

응용문장

You might not like this analogy.
넌 이 비유를 안 좋아할지도 몰라.

I'm not going to bother to tell you all.

난 굳이 네게 모든 걸 말할 생각은 없어.

I'm not going to bother to-V
난 굳이 ~할 생각은 없어.

위 표현은 어떠한 행동을 하는 것이 너무 번거롭고 불필요하다고 여겨질 경우 '굳이 그렇게 할 생각은 없다'고 말하는 표현입니다.

응용문장

I'm not going to bother to explain it again.
난 굳이 그걸 다시 설명할 생각은 없어.

You might want to buy a train ticket.

넌 아마도
기차표를 사는 게 좋을 거야.

You might want to-V
넌 아마도 ~하는 게 좋을 거야.

위 표현은 상대방에게 자유로운 의사 결정을 맡기면서 조심스럽게 '넌 아마도 ~하는게 좋을 거야'라고 충고하는 표현입니다.

응용문장

You might want to bring an umbrella.
넌 아마도 우산을 가져가는 게 좋을 거야.

I'm not in favour of nuclear proliferation.

난 핵 확산에 찬성하지 않아.

I'm not in favour of N/V-ing
난 ~에 찬성하지 않아.

위 표현은 어떤 사안에 대해 반대하는 입장을 너무 강하지 않게 정중하고도 완곡한 뉘앙스로 전달할 수 있는 표현입니다.

응용문장

I'm not in favour of taking such a risk.
난 그런 위험을 감수하는 것에 찬성하지 않아.

You might think it's easy.

넌 그게 쉽다고
생각할지도 몰라.

You might think ~
넌 ~라고 생각할지도 몰라.

위 표현은 '(네가 생각하는 것과 다른 상황일 수도 있지만) 넌 ~라고 생각할 수도 있어'라고 부드럽게 말하는 표현입니다.

응용문장

You might think I'm overreacting.
넌 내가 과민 반응한다고 생각할지도 몰라.

I had no choice but to eat what I had already planned.

난 이미 계획한 것을
먹을 수밖에 없었어.

I had no choice but to-V
난 ~할 수밖에 없었어.

'~하는 것 외에 난 선택권이 없었다'는 말은 그렇게 하는 것 외엔 선택권이 없었기에 '~할 수밖에 없었다'는 말로 풀이됩니다.

응용문장

I had no choice but to admit my failure.
난 내 실패를 인정할 수밖에 없었어.

19

I might be able to help you.

난 널
도울 수 있을지도 몰라.

I might be able to-V
난 ~할 수 있을지도 몰라.

위 표현은 미정이지만 어느 정도 할 가능성이 있는 일을 두고 '(불확실하지만) 난 ~
할 수 있을지도 몰라'라고 말하는 표현입니다.

응용문장

I might be able to finish the report by Friday.
난 금요일까지 보고서를 끝낼 수 있을지도 몰라.

I would like all of you to sit down if you don't mind.

괜찮다면, 모두 자리에
앉아 주셨으면 좋겠어요.

if you don't mind
괜찮다면

'당신이 꺼리지 않는다면'이라고 직역되는 위 표현은 결국 꺼리지 않는다는 마음이
들어 '괜찮다면'이라고 풀이됩니다.

응용문장

May I ask you a question if you don't mind?
괜찮다면, 질문 하나 드려도 될까요?

He must have forgotten to lock the door.

그는 분명 문 잠그는 것을 잊어버렸을 거야.

must have p.p.
분명 ~했을 것이다

위 표현은 과거에 어떤 일이 발생했거나 있었을 거라고 강력하게 확신하는 상황에서 쓰는 표현입니다.

응용문장

He must have forgotten to attend the meeting.
그는 분명 회의에 참석하는 것을 잊어버렸을 거야.

I couldn't be happier to work with him.

그와 함께 일하는 것이
난 더할 나위 없이 기뻐.

I couldn't be happier to-V
~하는 것이 난 더할 나위 없이 기뻐.

'난 ~하게 되서 더는 행복할 수 없어'라는 말은 더 행복할 수 없을 만큼 그걸 해서
'더할 나위 없이 기쁘다'는 말로 풀이됩니다.

응용문장

I couldn't be happier to have you as a friend.
널 친구로 둔 것이 난 더할 나위 없이 기뻐.

Now that we're all in the room, how do we start the discussion?

이제 방에 다 모였으니,
어떻게 논의를 시작할까?

Now that ~
이제 ~이므로

위 표현은 말 그대로 '이제(Now) ~이므로(that ~)'라는 뜻이며 접속사 because와 유사한 의미를 가졌다고 보시면 됩니다.

Now that we're all here, let's start the meeting.
이제 모두가 여기 모였으니, 회의를 시작하자.

I'm ashamed to admit I hadn't done so before.

난 전에 그렇게 하지 않았다는 것을
인정하는 것이 부끄러워.

I'm ashamed to-V
난 ~하는 것이 부끄러워.

위 표현은 특정 행동을 하는 것이 부끄럽게 느껴져 난처하거나 자신이 한 행동이
부끄러워 후회될 경우에 쓰는 표현입니다.

응용문장

I'm ashamed to have not kept my promises.
난 약속을 지키지 못한 것이 부끄러워.

My father is over there.

우리 아버지가
저기에 계셔.

over there
저기에

위 표현은 손으로 포물선을 쭉 그려서 '저기(there)'라는 지점을 콕 찍은 느낌, 즉
'저~기에(over there)'라고 말하는 느낌입니다.

The store is over there.
그 가게는 저기에 있어.

309

I know better than to leave the house without my good dress.

난 좋은 옷을 안 입고
집을 나갈 정도로 어리석진 않아.

I know better than to-V
난 ~할 정도로 어리석진 않아.

'난 ~하는 것보다는 더 잘 알고 있어'라는 말은 곧 '~하면 안 좋다는 걸 알 만큼 어리석진 않다'는 뉘앙스로 풀이됩니다.

응용문장

I know better than to engage in risky behaviour.
난 위험한 행동에 관여할 정도로 어리석진 않아.

23

Once you get the hang of it, it's pretty easy!

그것의 요령을 알게 되면,
그건 매우 쉬워!

Once you get the hang of ~
~의 요령을 알게 되면

위에서 hang은 어떤 것에 대한 '습득/이해/요령'을 뜻하기 때문에 위와 같이 '~의 요령을 알게 되면'이라고 풀이됩니다.

응용문장

Once you get the hang of the car, it's pretty easy!
그 차의 요령을 알게 되면, 그건 매우 쉬워!

I'm itching to go to the pub.

나 술집에 가고 싶어서
근질근질해.

I'm itching to-V
나 ~하고 싶어서 근질근질해.

위 표현은 뭔가를 하고 싶어서 안달 난 상태를 '뭔갈 하고 싶어서 몸이 근질근질하다'라는 말에 빗대어 표현한 것입니다.

(응용문장)

I'm itching to meet up with old friends.
나 오래된 친구들을 만나고 싶어서 근질근질해.

24

That reminds me of you.

그것이 나에게
널 생각나게 해.

remind me of ~
나에게 ~을 생각나게 하다

위 표현은 'remind(상기시키다)'라는 동사가 들어간 표현이며, 이 뒤에 '사람+of+
상기시키는 내용'을 붙여 말합니다.

응용문장

That reminds me of my high school days.
그것은 나에게 내 고등학생 시절을 생각나게 해.

The bottom line is (that) cell phones can be bad for you.

중요한 건 휴대폰이 당신에게
나쁠 수 있다라는 거야.

The bottom line is (that) ~
중요한 건 ~라는 거야.

위에서 'bottom line'은 '마지막 줄'이 아닌 '중요한 것'이라는 뜻이기 때문에 위 표현은 '중요한 건 ~라는 거야'라는 말로 풀이됩니다.

응용문장

The bottom line is (that) it's time to take action.
중요한 건 이제 행동을 취해야 할 때라는 거야.

It seems like it's happened so easily.

너무 쉽게 일어난 일인 것 같아.

It seems like ~

~인 것 같아.

위 표현은 어떠한 대상[상황]에 대해 '(주관적인 느낌으로 보자면) ~인 것 같아'라는 뉘앙스로 의견을 밝힐 때 사용합니다.

응용문장

It seems like a good idea.

좋은 생각인 것 같아.

I'm known for writing about politics.

난 정치에 관한 글을
쓰는 걸로 유명하지

I'm known for N/V-ing
난 ~으로 유명하지.

위 표현은 직역하면 '난 ~으로 알려져 있어'이며, 이 말은 곧 그렇게 알려져 있을 정도로 '유명하다'라는 말로 풀이됩니다.

응용문장

I'm known for my passion for music.
난 음악에 대한 열정으로 유명하지.

There seems to be a problem.

문제가
있는 것 같아.

There seems to be ~
~이 있는 것 같아.

위 표현은 100% 확실한 것은 아니지만 '(주관적인 기준으로 보자면) ~이 있는 것 같아'라는 뉘앙스로 말할 때 사용합니다.

응용문장

There seems to be a leak in the roof.
지붕에 새는 곳이 있는 것 같아.

1

There's something about this story that doesn't make sense.

이 이야기에는 말이 안 되는 뭔가가 있어.

There's something about ~
~에는 뭔가가 있어.

위 표현은 어떤 대상에 대해 말로 설명하기 힘든 특별한 매력이나 특징이 있을 경우 '~엔 뭔가가 있어'란 말로 설명하는 표현입니다.

응용문장

There's something about her voice that soothes me.
그녀의 목소리에는 나를 위로해 주는 뭔가가 있어.

27

🎧 058

I'm supposed to meet him.

난 그와
만나기로 되어 있어.

be supposed to-V
~하기로 되어 있다

위 표현은 일어나거나 발생할 것으로 예정되어 있거나 정해져 있는 일을 '~하기로 되어 있다'고 말할 때 쓰는 표현입니다.

응용문장

I'm supposed to submit the report by Friday.
난 금요일까지 보고서를 제출하기로 되어 있어.

11

NOVEMBER

**Victory belongs to
the most persevering.**

승리는 가장 끈기 있는 자에게 돌아갑니다.

I want to quit my job.

나 일
그만두고 싶어.

I want to-V
난 ~하고 싶어

위 표현은 'I want(난 원해)+to-V(~하는 것을) = 난 ~하는 것을 원해'와 같이 만들어진 표현이며 결국 '난 ~하고 싶어'로 풀이됩니다.

응용문장

I want to spend more time with my family.
난 내 가족들과 더 많은 시간을 보내고 싶어.

It's no use practicing silently.

조용히 연습해도
소용없어.

It's no use V-ing
~해도 소용없어.

위 표현은 직역하면 '~하는 것은 쓰임새가 없다'이며, 이 말은 곧 쓰임새가 없기 때문에 '~해도 소용없다'는 말로 풀이됩니다.

응용문장

It's no use worrying about the past.
과거에 대해 걱정해도 소용없어.

3
MARCH

Step by step goes a long way.

한 걸음 한 걸음이 성공을 만듭니다.

Where's a good place to study on campus?

캠퍼스에서 공부하기
좋은 곳이 어디야?

Where's a good place to-V?
~하기 좋은 곳이 어디야?

위 표현은 말 그대로 특정 활동을 하기 좋은 곳이 어디냐고 묻는 질문이며, 좋은 장소를 추천해 달라고 할 때 유용하게 씁니다.

응용문장

Where's a good place to get a haircut in town?
시내에서 머리 자르기 좋은 곳이 어디야?

I don't want to waste time.

난 시간 낭비 하고 싶지 않아.

I don't want to-V
난 ~하고 싶지 않아.

'I don't want(난 원치 않아)+to-V(~하는 것을) = 난 ~하는 것을 원치 않아'라는 표현은 곧 '난 ~하고 싶지 않아'로 풀이됩니다.

응용문장

I don't want to argue with you about it.
난 그거에 대해서 너와 언쟁하고 싶지 않아.

I'm going to let you go home.

내가 집으로
갈 수 있게 해 줄게.

I'm going to let someone V
~가 ~할 수 있게 해 줄게.

누군가로 하여금 뭔가를 할 수 있게 할 거라고 말할 때 사용되는 표현입니다.

응용문장

I'm going to let her borrow my car for the weekend.
주말 동안 그녀가 내 차를 빌릴수 있게 해 줄게.

I came up with another solution for this.

난 이것에 대한
다른 해결책을 생각해냈어.

I came up with ~
난 ~을 생각해냈어.

'난 ~와 함께 위로 올라왔다'라는 말은 '어떤 생각이 내 마음속에서 뚫고 솟아 나왔다'는 의미로 바꿔 생각해 볼 수 있습니다.

응용문장

I came up with an idea for our project.
난 우리 프로젝트를 위한 아이디어 하나를 생각해냈어.

28

There's a good chance (that) you won't be disappointed.

네가 실망하지 않을
가능성이 커.

There's a good chance (that) ~
~일 가능성이 커.

위 표현을 직역하면 '~일 좋은 가능성이 있다'이며, 가능성이 좋다는 것은 그만큼 '가능성이 크다'는 말로 풀이됩니다.

응용문장

There's a good chance (that) the price will increase.
가격이 오르게 될 가능성이 커.

3

That would be a lot of fun.

그거
정말 재밌겠는데.

That would be ~

그거 ~이겠는데.

위 표현은 어떤 상황에 대해 '(추측해 보니) 그거 ~이겠는데'라는 뉘앙스로 말하는 표현이며, 뒤에 명사나 형용사 등이 옵니다.

응용문장

That would be pointless.
그건 소용없겠는데.

I'm frustrated with how few answers we have.

난 우리가 가진 답이
너무 적은 것이 짜증나.

I'm frustrated with ~
난 ~이 짜증나.

위 표현은 'frustrated(불만[짜증]을 느끼는)'이란 형용사가 들어간 표현이며, 짜증을 느끼는 대상 앞에 전치사 with를 붙여 말합니다.

응용문장

I'm frustrated with the traffic during rush hour.
난 출퇴근 시간에 차가 막히는 것이 짜증나.

4

That's what
I wanted.

그게 바로
내가 원했던 그거야.

That's what ~
그게 바로 ~인 그거야.

위 표현은 대화 중 상대방의 말에 동조하면서 '그게 바로 ~인 그거야'라고 지지하며
강조할 때 사용하는 표현입니다.

응용문장

That's what I thought.
그게 바로 내가 생각했던 그거야.

It's my pleasure to work with them on a daily basis.

매일 그들과
함께 일하게 되어 기뻐.

It's my pleasure to-V

~하게 되어 기뻐.

위 표현은 나에게 도움이 되고 좋은 것에 대해 기쁨과 감사함을 느낀다고 말할 때
쓸 수 있는 유용한 표현입니다.

응용문장

It's my pleasure to be a part of this team.
이 팀의 일원이 되어 기뻐.

That's why you look so guilty right now.

그래서 너 지금
죄책감을 느끼는 거구나.

That's why ~
그래서 ~인 거구나.

위 표현은 이전에 언급했던 내용이 현재 말하려는 내용의 '원인/이유'임을 강조하며 말할 때 사용하는 표현입니다.

응용문장

That's why you seem so nervous today.
그래서 너 오늘 그렇게 긴장돼 보이는 거구나.

That's very kind of you, but unfortunately I'm busy tonight.

신경 써 줘서 고마워, 하지만
안타깝게도 오늘 밤은 내가 바빠.

That's very kind of you, but ~
신경 써 줘서 고마워, 하지만 ~

위 표현은 상대방의 제안[도움]에 대한 고마움을 먼저 표시한 뒤 이를 부드럽게 거절할 수 있는 완곡한 표현입니다.

응용문장

That's very kind of you, but I'll take care of it later.
신경 써 줘서 고마워, 하지만 그건 내가 나중에 처리할게.

6

There's going to be a lot of noise in the hallways.

복도에서 소음이 심할
예정이야.

There's going to be ~
~이 있을 예정이야.

위 표현은 일어나기로 계획된 일에 대하여 '(계획대로) ~이 있을 예정이야'라는 뜻
으로 말할 때 쓰는 표현입니다.

응용문장

There's going to be a school event in an hour.
한 시간 후에 학교 행사가 있을 예정이야.

As I said before, don't tell anyone you're shy.

내가 전에도 말했지만,
아무한테도 부끄럽다고 말하지 마.

As I said before,
내가 전에도 말했지만,

위 표현은 이전에 이미 언급했던 사항을 다시 한 번 언급하며 중요성을 강조할 때 쓸 수 있는 표현입니다.

응용문장

As I said before, the deadline is non-negotiable.
내가 전에도 말했지만, 마감 기한은 협상 불가능해.

I'm thinking of buying new headphones.

난 새 헤드폰을 사려고 생각 중이야.

I'm thinking of V-ing
난 ~하려고 생각 중이야.

위 표현은 미래에 무엇을 할지 말지 고려 중인 상태에서 '난 ~하려고 생각[고민] 중이야'라는 뜻으로 말하는 표현입니다.

응용문장

I'm thinking of changing my name.
난 내 이름을 바꾸려고 생각 중이야.

I have mixed feelings about the whole thing.

난 이 모든 것에 대해
착잡한 심정이야.

I have mixed feelings about ~
난 ~에 대해 착잡한 심정이야.

위에서 'mixed feelings'는 직역하면 '섞인 감정'을 뜻하는데, 이는 곧 이것저것 뒤
섞여 '복잡하고 착잡한 심정'을 의미합니다.

응용문장

I have mixed feelings about the election results.
난 선거 결과에 대해 착잡한 심정이야.

I was thinking about going back.

난 다시 돌아갈까 생각했어.

I was thinking about V-ing
난 ~할까 생각했어.

위 표현은 무엇을 할지 말지 고려 중인 상태에서 '난 ~할까 생각[고민] 중이었어'라는 뉘앙스로 말하는 표현입니다.

응용문장

I was thinking about starting a new hobby.
난 새로운 취미를 시작해 볼까 생각했어.

I'd like to point out (that) I wasn't using any special equipment.

난 특별한 장비를 사용하지 않았다는 것을 지적하고 싶어.

I'd like to point out (that) ~
난 ~을 지적하고 싶어.

위 표현은 주로 상대방이 모르고 있거나 간과하고 있는 사실이 있다고 여겨질 경우 이를 콕 집어 설명해 줄 때 곧잘 씁니다.

응용문장

I'd like to point out (that) the report contains errors.
난 이 보고서에 오류가 있다는 것을 지적하고 싶어.

9

Would you like some coffee?

커피 좀
드실래요?

Would you like N(Food)?
~을 드실래요?

'~(라는 음식)을 좋아하시겠어요?'라는 말은 결국 그 음식을 먹고 싶을 만큼 좋아한다면 '~을 드실래요?'라고 권하는 표현입니다.

응용문장

Would you like a piece of cake?
케익 한 조각 드실래요?

21

There may not be any more targets.

더 이상의 목표물이
없을지도 몰라.

There may not be ~
~이 없을지도 몰라.

위 표현은 어떤 것이 없다고 100% 확신할 순 없지만 어쩌면 없을 수도 있다고 조심스럽게 추측해서 말할 때 쓰는 표현입니다.

응용문장

There may not be a solution to this problem.
이 문제에 대한 해결책이 없을지도 몰라.

Would you like to join us?

우리와 합류할래?

Would you like to-V?
~할래?

'넌 ~하는 것을 좋아할 거야?'라고 묻는 말은 결국 '(그걸 좋아하면 같이[함께]) ~할래?'라고 제안하는 표현입니다.

응용문장

Would you like to go out for dinner tonight?
오늘 밤에 저녁 먹으로 나갈래?

20

You have nothing to lose.

넌
잃을 게 없어.

You have nothing to-V
넌 ~할 게 없어.

위 표현은 상대방에게 어떤 행동을 할 필요가 없다는 말을 '넌 ~할 게 없어'와 같이 보다 강조해서 말할 때 쓰는 표현입니다.

응용문장

You have nothing to apologise for.
넌 사과할 게 없어.

What do you call it?

그걸
뭐라고 부르지?

What do you call ~?
~을 뭐라고 부르지?

위 표현은 말 그대로 어떠한 대상의 명칭을 정확히 뭐라고 불러야 하는지 물어볼 때 쓰는 표현입니다.

응용문장

What do you call those things?
그런 것들을 뭐라고 부르지?

When should I expect to hear from you?

내가 언제 네 소식을
들을 수 있을까?

When should I expect to-V?
내가 언제 ~할 수 있을까?

위 표현은 직역하면 '내가 언제 ~할 걸로 예상해도 될까?'이며, 이 말은 곧 '내가 언제 ~할 수 있을까'라는 말로 풀이됩니다.

응용문장

When should I expect to receive the package?
내가 언제 소포를 받아 볼 수 있을까?

What I need is your love.

내게 필요한 것은
너의 사랑이야.

What I need is ~
내게 필요한 것은 ~이야.

위 표현은 내게 필요한 것이 무엇인지 보다 명확하게 강조해서 상대방에게 어필하며 말할 때 쓰는 표현입니다.

응용문장

What I need is your forgiveness.
내게 필요한 것은 너의 용서야.

18

It just occurred to me (that) I spent all this time.

문득 내가 이 모든 시간을 보냈다는 생각이 들어.

It just occurred to me (that) ~
문득 내가 ~라는 생각이 들어.

위 표현은 '~라는 생각이 방금 막 나에게 발생했어'라는 뜻으로 볼 수 있기 때문에 '문득 ~라는 생각이 들어'라는 말로 풀이됩니다.

응용문장

It just occurred to me (that) I left my phone at home.
문득 내가 집에 전화기를 두고 왔다는 생각이 들어.

What makes you
say that?

왜
그렇게 말해?

What makes you V?
왜 ~해?

'무엇이 널 ~하게 만들어?'라는 말은 결국 뭐 때문에 상대방이 그렇게 행동하는지
궁금해서 '왜 ~해?'라고 묻는 질문입니다.

응용문장

What makes you think that?
왜 그렇게 생각해?

The best way to communicate information is to make it clear.

정보를 전달하는 가장 좋은 방법은
명확하게 하는 거야.

The best way to-V is to-V

~하는 가장 좋은 방법은 ~하는 거야.

위 표현은 말 그대로 어떤 것을 하는 데 있어 가장 좋은[최상의] 방법이 무엇인지
설명하거나 조언할 때 쓰는 표현입니다.

응용문장

The best way to stay healthy is to eat well.

건강을 유지하는 가장 좋은 방법은 잘 먹는 거야.

14

I went along with it.

난
그것에 동의했어.

go along with ~
~에 동의하다

위 표현을 직역하면 '~와 함께 쭉 따라 가다'이며, 이는 함께 쭉 가고 싶은 마음이 들 만큼 그것에 '동의한다'는 뜻으로 풀이됩니다.

> 응용문장

I went along with her idea.
난 그녀의 생각에 동의했어.

You won't believe who I met.

내가 누구를 만났는지 넌 믿지 못할 거야.

You won't believe ~
~을 넌 믿지 못할 거야.

위 표현은 상대방의 호기심을 자극하여 최대한 많은 관심을 끈 후 놀라운 소식을 전달하고 싶을 때 쓰는 표현입니다.

응용문장

You won't believe what I just saw!
내가 방금 뭘 봤는지 넌 믿지 못할 거야!

What if
he finds it repulsive?

만일 그가 그것이 혐오스럽다는 걸
알게 되면 어쩌지?

What if ~?

만일 ~이면 어쩌지?

위 표현은 다양한 상황을 가정할 때 쓸 수 있는 표현이며, 다양한 주제에 대해 논의[고민]할 때 매우 유용하게 활용됩니다.

응용문장

What if he finds out I broke his car?

만일 그가 내가 그의 차를 부순 걸 알게 되면 어쩌지?

I never should have kissed you.

난 절대 너와 키스를 하지
말았어야 했어.

I never should have p.p.

난 절대 ~하지 말았어야 했어.

위 표현은 과거에 내가 절대 하지 말았어야 할 행동을 한 것에 대해 깊은 후회를 드러내며 말할 때 쓰는 표현입니다.

응용문장

I never should have said those hurtful words.
난 절대 그런 상처 주는 말을 (말)하지 말았어야 했어.

What I'm trying to say is (that) it's not a big deal.

내가 말하고자 하는 건 그게 큰 문제가 아니라는 거야.

What I'm trying to say is (that) ~
내가 말하고자 하는 건 ~라는 거야.

위 표현은 이전에 언급했던 내용을 좀 더 명확하게 강조해서 상대방에게 인식시키고 싶을 때 쓰는 표현입니다.

응용문장

What I'm trying to say is (that) he is a good friend.
내가 말하고자 하는 건 그가 좋은 친구라는 거야.

14

I might as well stay here.

난 여기 있는 편이 좋겠어.

I might as well V
난 ~하는 편이 좋겠어.

위 표현은 딱히 그러고 싶은 건 아니지만 '별다른 대안이 없으니 그렇게 하는 편이 좋겠다'라는 뉘앙스로 말하는 표현입니다.

응용문장

I might as well choose the one on the left.
난 왼쪽에 있는 것을 선택하는 편이 좋겠어.

What do you say we head for South Africa?

남아프리카에
한번 가 보는 게 어때?

What do you say ~?

~하는 게 어때?

위 표현은 어떤 사안에 대해 상대방의 의견을 물으면서 이걸 하는 것에 동의를 구하거나 해 보자고 제안하는 표현입니다.

응용문장

What do you say we go to the movies?
영화 보러 가는 게 어때?

13

I'm fed up with this world.

난 이 세상에 질렸어.

I'm fed up with ~
난 ~에 질렸어

'fed up'은 예전엔 '배가 가득 찬'이라는 뜻으로 사용되다가 나중엔 '(배가 너무 부른 것처럼) 지친, 질린'이란 뜻으로 쓰이게 되었습니다.

응용문장

I'm fed up with the constant traffic jams.
난 계속되는 교통 체증에 질렸어.

Why don't you start first?

먼저
시작해 보는 게 어때?

Why don't you V?
~해 보는 게 어때?

위 표현은 '왜 넌 안 ~해?'라는 뜻이 아니라 상대방에게 '~해 보는 게 어때?'라고 제안[권유]하는 표현이니 주의해야 합니다.

응용문장

Why don't you ask for some help?
도움을 좀 요청해 보는 게 어때?

It's nothing to worry about.

걱정하지 않아도 돼.

It's nothing to-V
~하지 않아도 돼.

위 표현은 직역하면 '~할 만한 것이 아니다'이며, 이는 곧 그렇게 할 필요가 없는 것이니 '~하지 않아도 된다'는 말로 풀이됩니다.

응용문장

It's nothing to be surprised about.
놀라지 않아도 돼.

19

Why didn't you give me money?

왜
나한테 돈 안 줬어?

Why didn't you V?
왜 안 ~했어?

위 표현은 상대방이 과거에 했어야 할 행동을 안 했을 경우 다소 비난하는 어조로
'왜 안 ~했어?'라고 지적하는 표현입니다.

응용문장

Why didn't you call me when you arrived?
왜 도착했을 때 나한테 전화 안 했어?

Who do you think your target audience is?

넌 누가 너의 광고
타겟층이라고 생각해?

Who do you think ~?
넌 누가 ~라고 생각해?

위 표현은 상대방에게 누가 어떤 사람일지, 혹은 누가 어떤 것을 했거나 할 것 같은지 추측해 보라는 뉘앙스로 묻는 표현입니다.

> 응용문장

Who do you think will be the first to arrive?
넌 누가 제일 먼저 도착할 거라고 생각해?

Why wouldn't you give me the full?

넌 왜 나한테
전부를 주지 않으려고 해?

Why wouldn't you V?

넌 왜 ~하지 않으려고 해?

위 표현은 특정 행동을 안 할 이유가 없는데 왜 안 하느냐고 물으면서 간접적으로
그걸 할 것을 권고하는 느낌의 표현입니다.

응용문장

Why wouldn't you ask for help when needed?
넌 왜 필요할 때 도움을 요청하지 않으려고 해?

I'm suspicious of people who always smile.

난 항상 웃는 사람들이
의심스러워.

I'm suspicious of ~
난 ~이 의심스러워.

위 표현은 'suspicious(의심스러운)'이라는 형용사가 들어간 표현이며, 이 뒤에
'of+의심하는 대상'을 붙여 말합니다.

응용문장

I'm suspicious of products with no reviews.
난 후기가 하나도 없는 제품들이 의심스러워.

Feel free to speak up.

부담 갖지 말고
솔직한 의견을 말해 봐.

Feel free to-V
부담 갖지 말고 ~해[해 봐].

위 표현은 직역하면 '~하는 것을 자유롭게 느껴'이며, 이는 곧 '부담 갖지 말고 ~해'
라는 뜻으로 풀이됩니다.

응용문장

Feel free to ask me any questions you have.
부담 갖지 말고 네가 가진 어떤 질문이든 물어봐.

I can't thank you enough for this experience tonight.

오늘 밤 이 경험에 대해
얼마나 감사한지 몰라요.

I can't thank you enough for N/V-ing
~에 대해 얼마나 감사한지 몰라요.

'~에 대해 충분히 감사할 수 없다'는 말은 아무리 감사해도 충분치 않을 만큼 '얼마나 감사한지 모르겠다'는 말로 풀이됩니다.

응용문장

I can't thank you enough for teaching me so much.
절 이렇게 많이 가르쳐 주신 것에 얼마나 감사한지 몰라요.

Don't make me ask twice.

날 두 번 물어보게 만들지 마.

Don't make me V
날 ~하게 만들지 마.

위 표현은 상대방에게 내가 원치 않는 행동을 하게끔 만들지 말아 달라고 직접적으로 부탁할 때 쓰는 표현입니다.

응용문장

Don't make me say it again.
날 그걸 다시 얘기하게 만들지 마.

I never meant to hurt you.

일부러 널 상처 줄
의도는 전혀 없었어.

I never meant to-V
일부러 ~할 의도는 전혀 없었어.

위 표현은 의도치 않은 행동으로 상대방을 불편하게 만들었을 경우 이에 대해 해명하는 뉘앙스로 말하는 표현입니다.

응용문장

I never meant to keep you waiting.
일부러 널 기다리게 할 의도는 전혀 없었어.

I'm here
to have fun.

나 여기
재미있게 놀려고 왔어.

I'm here to-V
나 여기 ~하려고[하러] 왔어.

위 표현은 현재 이 자리[상황]에 내가 왜 있는지 그 이유를 명확하게 강조하며 말할 때 쓸 수 있는 표현입니다.

응용문장

I'm here to pick up the package.
나 여기 소포 가지러 왔어.

7

All I need is my computer and my hotspot.

난 내 컴퓨터와
핫스팟만 있으면 돼.

All I need is ~
난 ~만 있으면 돼.

위 표현은 나에게 매우 중요하다고 여겨지는 대상[사람]이 굉장히 필요하다고 강력하게 강조해서 말할 때 쓰는 표현입니다.

응용문장

All I need is a sincere apology.
난 진심 어린 사과만 있으면 돼.

I'm calling to discuss prices.

나 가격에 대해
상의하려고 전화했어.

I'm calling to-V
나 ~하려고 전화했어.

위 표현은 상대방에게 전화를 건 다음 왜 전화를 했는지 그 이유[목적]를 밝힐 때
일반적으로 쓰는 표현입니다.

응용문장

I'm calling to invite you to our party.
나 널 우리 파티에 초대하려고 전화했어.

I don't know if he'll be able to find it.

그가 그걸 찾을 수 있을지 모르겠어.

I don't know if ~

~인지 모르겠어.

위 표현은 어떤 사안이 어떤 상태인지[어떻게 될지] 여부를 확신하기 힘들 때 '~인지 모르겠어'라는 뜻으로 쓰는 표현입니다.

응용문장

I don't know if she received my email.
그녀가 내 이메일을 받았을지 모르겠어.

You don't want to waste time.

넌 시간 낭비하지 않는 게
좋을 거야.

You don't want to-V
넌 ~하지 않는 게 좋을 거야.

'넌 ~하고 싶지 않아'라는 말은 하고 싶지 않은 마음이 들 정도이니 '넌 ~하지 않는
게 좋을 거야'라고 간접 충고하는 표현입니다.

응용문장

You don't want to miss this opportunity.
넌 이 기회를 놓치지 않는 게 좋을 거야.

I can't say
I know all of it.

내가 그걸 다 안다고
말할 순 없어.

I can't say ~
~라고 말할 순 없어.

위 표현은 어떠한 사실을 100% 확신 못하거나 반대 의견을 낼 경우 '내 생각은 그렇다곤 말 못 해'라는 뉘앙스로 말할 때 씁니다.

응용문장

I can't say I agree with that opinion.
내가 그 의견에 동의한다고 말할 순 없어.

26

I'm willing to believe it.

난 기꺼이
그걸 믿을 거야.

I'm willing to-V
난 기꺼이 ~할 거야.

'willing(기꺼이 하는)'이라는 단어가 들어간 만큼 위 표현은 긍정적 마음으로 어떤 걸 하겠다는 강한 의지를 나타내는 표현입니다.

 응용문장

I'm willing to support your decision.
난 기꺼이 네 결정을 지지할 거야.

I think I should just stay here.

나 그냥 여기 있어야 할 것 같아.

I think I should V
나 ~해야 할 것 같아.

위 표현은 '반드시 해야 한다'까지는 아니지만 그렇게 '하는 게 좋지 않을까 싶어'라는 뉘앙스로 말하는 표현입니다.

> **응용문장**

I think I should call my parents tonight.
나 오늘 밤에 부모님께 전화드려야 할 것 같아.

I'm on
the computer.

난
컴퓨터 하는 중이야.

I'm on ~
난 ~을 하는 중이야.

위 표현은 어떤 행위 '위에(on)' 올라가서 그 일을 계속해서 하는 느낌이기 때문에
'난 ~을 하는 중이야'라고 풀이됩니다.

응용문장

I'm on the phone with a client.
나 고객과 통화하는 중이야.

There is no reason to feel guilty.

죄책감을 느낄 이유가 없어.

There is no reason to-V
~할 이유가 없어.

위 표현은 안 해도 되는 일이 있을 경우 이를 '할 이유[근거]가 없다'고 강하게 강조해서 말하고 싶을 때 쓰는 표현입니다.

응용문장

There is no reason to rush the decision.
결정을 서두를 이유가 없어.

He is obsessed with her.

그는
그녀에게 집착해.

be obsessed with N/V-ing
~에 집착하다

위 표현은 어떤 대상이나 행위에 매우[다소 과도하게] 몰두하거나 몰입돼 있는 상태를 묘사할 때 사용합니다.

응용문장

He is obsessed with collecting rare stamps.
그는 희귀 우표들을 수집하는 것에 집착해.

I wish I were smart enough to have a master plan.

내가 마스터 플랜을 가질 만큼
똑똑했으면 좋겠어.

I wish I were ~
내가 ~라면 좋겠어.

위 표현은 현재 내가 가지지 못한 능력이나 상황 등이 내게 주어지면 좋겠다고 상상하는 뉘앙스로 말할 때 쓰는 표현입니다.

응용문장

I wish I were more confident in public speaking.
내가 대중 연설에 좀 더 자신감이 있었으면 좋겠어.

May I go
to the bathroom?

화장실에
가도 될까?

May I V?

~해도 될까?

위 표현은 정중하고 예의 바른 뉘앙스로 상대방에게 '~해도 될까?'라고 허락[양해]을 구하는 표현입니다.

응용문장

May I have a glass of water, please?

물 한 잔 마셔도 될까?

1

There is nothing like cooking outdoors.

야외에서 요리하는 것만큼
좋은 건 없어.

There is nothing like N/V-ing
~만큼 좋은 건 없어.

위 표현은 직역하면 '~와 같은 것은 없어'이며, 이는 곧 그와 같은 것은 다시 없을 만큼 그것이 '정말 좋다'는 뉘앙스로 풀이됩니다.

응용문장

There is nothing like home-cooked food.
집에서 만든 음식만큼 좋은 건 없어.

Let me ask you a personal question.

내가 개인적인 질문 하나 할게.

Let me V

내가 ~할게.

'Let me V'는 '내가 ~하게(허락)해 줘'로 직역되는데, 의역은 'I will', 그러니까 '내가 ~할게'로 해석하는 것이 자연스럽습니다.

응용문장

Let me help you.
내가 널 도와줄게.

10
OCTOBER

Never, never, never give up!

절대로, 절대로, 절대로 포기하지 마세요!

It depends on
the environment.

그건
환경에 달려 있어.

It depends on ~

그건 ~에 달려 있어.

위 표현은 특정 변수에 따라 상황[결과]이 달라지는 것들을 대상으로 '그건 ~에 달려 있어'라고 말할 때 쓰는 표현입니다.

응용문장

It depends on the weather condition.

그건 날씨 상태에 달려 있어.

It remains to be seen whether this issue can be resolved.

이 문제가 해결될 수 있을지는
두고 봐야 해.

It remains to be seen whether ~

~인지는 두고 봐야 해.

'~인지 아닌지 여전히 미결정인 상태로 보여진다'라는 말은 결국 '~인지는 두고 봐야 한다'는 말로 풀이됩니다.

응용문장

It remains to be seen whether he will accept the offer.

그가 제안을 수락할지는 두고 봐야 해.

4
APRIL

A goal without a plan is just a wish.

계획 없는 목표는 꿈에 불과합니다.

I had no idea
what to say.

난 무슨 말을 해야 할지
전혀 몰랐어.

I had no idea ~
난 ~인지 전혀 몰랐어.

위 표현은 직역하면 '난 ~에 아무 생각이 없었어'이며, 이는 곧 아무 생각이 없었기
에 그에 대해 '전혀 몰랐다'는 말로 풀이됩니다.

응용문장

I had no idea why he was so upset with me.
난 그가 나한테 왜 그렇게 화가 났는지 전혀 몰랐어.

I was wondering if you could help me.

절 좀 도와주실 수
있을지 해서요.

I was wondering if you could V

~하실 수 있을지 해서요.

위 표현은 상대방에게 예의 바르고 공손한 태도로 어떤 걸 해 줄 수 있는지 정중히
묻고 요청할 때 쓰는 표현입니다.

응용문장

I was wondering if you could give me a ride.
절 좀 태워 주실 수 있을지 해서요.

I'm afraid (that) you are wrong.

유감이지만 네가 틀린 것 같아.

I'm afraid (that) ~
유감이지만 ~인 것 같아.

'I'm afraid' 뒤에 '(that)+문장'이 오게 되면 that 뒤에 오는 사안에 대해 미안한 마음을 가지고 좋지 않은 말을 전하는 표현이 됩니다.

응용문장

I'm afraid (that) you misunderstood my point.
유감이지만 네가 내 요점을 잘못 이해한 것 같아.

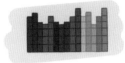

I'm going to put on some music.

난
음악을 좀 틀 거야.

I'm going to-V
난 ~할 거야.

위 표현은 미래에 어떤 것을 하기로 계획하거나 결심한 뒤 '난 ~할 거야'라고 말할 때 쓰는 표현입니다.

응용문장

I'm going to take a quick nap.
난 잠깐 낮잠 좀 잘 거야.

I'm afraid of
it happening again.

난 또 그런 일이
생길까 봐 두려워.

I'm afraid of N/V-ing
난 ~이 두려워.

위 표현은 'afraid(두려워하는)'이라는 형용사가 들어간 표현이며, 두려워하는 대상[행위] 앞엔 전치사 of를 붙여 말해야 합니다.

응용문장

I'm afraid of making the same mistake twice.
난 같은 실수를 두 번 할까 봐 두려워.

3

If I'm going to be effective, I need to know in advance.

내가 효과를 보려면,
미리 알아야 해.

If I'm going to-V,
내가 ~하려면,

위 표현은 '(미래에 내가 계획해 놓은 대로) ~하려면[할 수 있으려면]'이라는 뉘앙스로 풀이되는 표현입니다.

응용문장

If I'm going to apply for IELTS, where should I go?
내가 아이엘츠를 신청하려면, 어디로 가야 해?

Even when you're dreaming, you're conscious.

네가 꿈을 꾸고 있을 때에도,
넌 의식이 있어.

Even when ~

~일 때에도

위 표현은 상황이나 조건이 바뀌더라도 어떠한 사실은 변함없이 그 상태로 유지된다고 말할 때에 쓰는 표현입니다.

응용문장

Even when he's angry, he tries to stay calm.
그는 화가 났을 때에도, 침착하려고 노력해.

4

Are you going to take action?

넌
조치를 취할 거야?

Are you going to-V?
넌 ~할 거야?

위 표현은 상대방에게 미래에 어떤 것을 할 계획인지[하기로 결심한 상태인지] 물어볼 때 사용합니다.

응용문장

Are you going to try the new restaurant?
넌 그 새로 생긴 식당에 가 볼 거야?

Can you show me how to do it?

그거 어떻게 하는지
알려 줄래?

Can you show me ~?

~을 알려 줄래?

위에서 show는 '(하는 방법, 방향/위치 등을) 알려 주다'라는 뜻으로 쓰였기 때문에
위 표현은 '~을 알려 줄래?'로 풀이됩니다.

응용문장

Can you show me where the bathroom is?
화장실이 어디 있는지 알려 줄래?

5

What are you going to do if you mess up?

만약 망치면
넌 어떻게 할 거야?

What are you going to do if ~?
만약 ~이면 넌 어떻게 할 거야?

위 표현은 미래에 특정 상황이 벌어졌다고 가정한 뒤 그렇게 되면 어떻게 할 생각
이냐고 물어보는 표현입니다.

응용문장

What are you going to do if you miss the bus?
만약 버스를 놓치면 넌 어떻게 할 거야?

I'm
into you.

난
네게 푹 빠졌어.

I'm into N/V-ing
난 ~에 푹 빠졌어.

위 표현은 직역하면 '난 ~안에 들어가 있어'이며, 이는 곧 그 안에 들어가 있을 정도록 '푹 빠진 상태'라는 말로 풀이됩니다.

응용문장

I'm into playing tennis these days.
난 요즘 테니스 치는 것에 푹 빠졌어.

6

When are you going to tell your story?

넌 언제
네 이야기를 할 거야?

When are you going to-V?
넌 언제 ~할 거야?

위 표현은 상대방에게 '미래의 어떤 시점에(When)' 무엇을 할 계획인지 물어볼 때 쓰는 표현입니다.

응용문장

When are you going to clean your room?
넌 언제 네 방을 치울 거야?

🎧 266

Is it true (that) your company offers good free food?

네 회사가 좋은 음식을 무료로 제공한다는 것이 사실이야?

Is it true (that) ~?
~라는 것이 사실이야?

위 표현은 말 그대로 어떠한 정보나 소문이 정말 '사실인지(true)' 여부를 확인하고 싶을 때 쓸 수 있는 좋은 표현입니다.

응용문장

Is it true (that) he's dating your best friend?
그가 네 절친이랑 사귀고 있다는 것이 사실이야?

7

How are you going to make right choices?

너 어떻게
옳은 선택을 할 건데?

How are you going to-V?
너 어떻게 ~할 건데?

위 표현은 상대방에게 '미래에 어떤 방식으로(How)' 무엇을 할 계획인지 물어볼 때 쓰는 표현입니다.

응용문장

How are you going to mend broken relationship?
너 어떻게 망가진 관계를 회복할 건데?

Are you done eating?

너
다 먹었어?

Are you done V-ing?
너 ~을 다 했어?

위 표현은 단순히 다 했냐고 물어볼 때, 혹은 다 끝냈어야 하는 상황에서 약간 추궁하는 뉘앙스로 다 했냐고 물어볼 때에도 씁니다.

응용문장

Are you done studying for your exams?
너 시험 공부(하는 것을) 다 했어?

8

I was just about to ask that.

내가 막 그거
물어보려던 참이었어.

I was just about to-V
내가 막 ~하려던 참이었어.

위 표현은 '(~할 계획이었으나 어떠한 이유로 중단된 뒤) 내가 막 ~하려던 참이었
어'라는 뉘앙스로 말하는 표현입니다.

응용문장

I was just about to leave when you arrived.
네가 왔을 때 내가 막 떠나려던 참이었어.

What time do you open?

몇 시에 문 열어?

What time ~?

몇 시에 ~?

위 표현은 '시간'에 대해 물을 때 쓰는 가장 기본적인 표현이며, 말 그대로 다양한 활동들이 '몇 시에' 일어나는지 물을 때 씁니다.

응용문장

What time should I pick you up?
몇 시에 내가 너 데리러 가야 해?

9

Whatever you do,
don't succumb to it.

무슨 일이 있어도,
그것에 굴복하지 마.

Whatever you do,
무슨 일이 있어도,

위 표현은 상대방에게 관심을 갖고 격려하는 마음으로 '무슨 일이 있어도, ~해'와 같이 다독이는 느낌의 추임새로 쓰입니다.

응용문장

Whatever you do, always follow your heart.
무슨 일이 있어도, 항상 네 마음을 따라 가.

The best thing about my job is (that) I get to learn something new all the time.

내 직업에 대해 가장 좋은 점은
항상 새로운 것을 배우게 된다는 거야.

The best thing about A is (that) ~
A에 대해 가장 좋은 점은 ~라는 거야.

위 표현은 어떤 것이 가진 여러 가지 좋은 점들 중 가장 뛰어난 하나를 콕 집어 말할
때 쓸 수 있는 좋은 표현입니다.

응용문장

The best thing about memories is (that) they last forever.
추억에 대해 가장 좋은 점은 영원히 지속된다는 거야.

I'm having a hard time hearing a little bit.

좀 듣고 있기가
힘들어.

I'm having a hard time V-ing
~하고 있기가 힘들어.

'~하면서 힘든 시간을 보내고 있는 중이야'라는 말은 곧 '~하고 있기가 힘들어'라는
말로 풀이됩니다.

응용문장

I'm having a hard time focusing on my work.
내 일에 집중하고 있기가 힘들어.

I knew you would ask me that.

내가 너 나에게 그거
물어볼 줄 알았어.

I knew you would V
내가 너 ~할 줄 알았어.

위 표현은 상대방이 했거나 하고 있는 행동에 대해 '내가 너 그럴 줄 과거에 이미 예상했었다'라는 뉘앙스로 말하는 표현입니다.

응용문장

I knew you would enjoy that movie.
내가 너 그 영화 좋아할 줄 알았어.

11

101

What are the odds of stopping at a red light?

빨간불에서 멈출 확률이
얼마나 될까?

What are the odds of V-ing?

~할 확률이 얼마나 될까?

위 표현은 결과 예측이 다소 어려운 주제를 대상으로 '~할 확률이 얼마나 될까?'라
고 궁금해하며 질문을 던질 때 쓰입니다.

응용문장

What are the odds of having twins?

쌍둥이를 가질 확률은 얼마나 될까?

I'm never having breakfast again.

난 절대 다시 아침을 먹지 않을 거야.

I'm never V-ing

난 절대 ~하지 않을 거야.

위 표현은 어떤 행동을 단순히 하지 않겠다는 것을 넘어 '절대로 하지 않을 것'이라는 강한 의지를 드러내며 말할 때 씁니다.

응용문장

I'm never going to that restaurant again.

난 절대 그 식당에 다시 가지 않을 거야.

12

102

What are you planning to do during your visit there?

그곳에 방문하는 동안
넌 뭘 할 계획이야?

What are you planning to-V?
넌 뭘 ~할 계획이야?

위 표현은 말 그대로 상대방에게 미래에 '무엇을(What)' '어떻게 할(to-V)' '계획을 세워 뒀는지(planning)' 묻는 질문입니다.

응용문장

What are you planning to study next semester?
다음 학기에 넌 뭘 공부할 계획이야?

I never thought that could happen.

그런 일이 일어날 줄은
한 번도 생각해 본 적 없어.

I never thought ~
~라고 한 번도 생각해 본 적 없어.

위 표현은 이전까지 전혀 생각해[예상해] 본 적 없던 상황을 마주했을 때의 놀라움을 강조하며 드러내는 표현입니다.

응용문장

I never thought I would enjoy cooking.
내가 요리를 즐길 거라고 한 번도 생각해 본 적 없어.

Do you have one of the masks there, by any chance?

혹시라도 거기 마스크 하나 있어?

by any chance
혹시(라도)

위 표현은 어떤 상황일 확률이 꽤 낮아 보이지만 '그럼에도(혹시라도)' 그런 상황인 지 조심스레 물어볼 때 곧잘 쓰입니다.

응용문장

Do you have a spare pen with you, by any chance?
혹시라도 남는 펜 하나 있어?

I could use a drink after this.

난 이거 끝나고
술 한잔하면 좋겠어.

I could use ~
난 ~을 하면 좋겠어[~이 필요하긴 해].

'난 ~을 쓸 수도 있을 것 같아'라는 말은 '(쓰면) 좋을 것 같긴 하다, (쓸 수 있을 정도로) 필요하긴 하다'라는 뉘앙스로 풀이됩니다.

> 응용문장

I could use some advice on this problem.
난 이 문제에 있어 약간 도움이 필요하긴 해.

14

I can't seem to stop it.

난
멈출 수 없을 것 같아.

I can't seem to-V
난 ~할 수 없을 것 같아.

위 표현은 직역하면 '난 ~할 것처럼 보여질 수 없어'이며, 그렇게 보여질 수 없으니 결국 '난 ~할 수 없을 것 같아'로 풀이됩니다.

응용문장

I can't seem to get motivated.
난 동기부여를 얻을 수 없을 것 같아.

Can you tell me what you're currently working on?

현재 어떤 일을 하고 있는지
말해 줄래?

Can you tell me ~?

~을 말해 줄래?

위 표현은 일반적인 정보에 대해 물을 때뿐 아니라 상대방에 대해 궁금한 점을 물을 때에도 쓸 수 있는 질문 패턴입니다.

응용문장

Can you tell me what your future plans are?

너의 앞으로의 계획이 무엇인지 말해 줄래?

I'm ready to pour my energy.

난 내 에너지를
쏟아부을 준비가 됐어.

I'm ready to-V
난 ~할 준비가 됐어.

위 표현은 내 자신이 어떤 일을 할 준비가 제대로 끝나 있다는 자신감을 갖고 당당히 말할 때 쓰는 표현입니다.

응용문장

I'm ready to face any challenges.
난 그 어떤 도전에도 맞설 준비가 됐어.

I know what it's like to come home and be tired.

난 집에 와서 피곤한 것이
어떤 느낌인지 알아.

I know what it's like to-V
난 ~한 것이 어떤 느낌인지 알아.

위 표현은 어떤 상황에 대해 '나 역시 그 상황을 경험해 봤기에 공감할 수 있다'는
뉘앙스로 말하는 표현입니다.

응용문장

I know what it's like to lose a loved one.
난 사랑하는 이를 잃는다는 것이 어떤 느낌인지 알아.

16

I'm scared of growing up.

난 어른이 되는 것이 무서워.

I'm scared of N/V-ing
난 ~이 무서워.

위 표현은 'scared(무서운)'이라는 형용사가 들어간 표현이며, 이 뒤에 'of+무서움을 느끼는 대상/행위'를 붙여 말합니다.

응용문장

I'm scared of spiders. They give me the creeps.
난 거미가 무서워. 그것들은 날 소름 끼치게 해.

Do you like to think strategically?

넌 전략적으로
생각하는 것을 좋아해?

Do you like to-V?
넌 ~하는 것을 좋아해?

위 표현은 상대방이 특정 활동을 하는 걸 좋아하는지, 즉 상대방의 '취향'이 어떤지
파악하고 싶을 때 쓰는 표현입니다.

응용문장

Do you like to travel spontaneously?
넌 즉흥적으로 여행하는 것을 좋아해?

17

I'm worried about young people.

난 젊은 사람들이 걱정돼.

I'm worried about N/V-ing
난 ~이 걱정돼.

위 표현은 'worried(걱정하는)'이라는 형용사가 들어간 표현이며, 이 뒤에 'about+걱정을 느끼는 대상/행위'를 붙여 말합니다.

응용문장

I'm worried about driving in heavy rains.
난 폭우 속에서 운전하는 것이 걱정돼.

I'm not in the mood to talk right now.

난 지금
말할 기분이 아니야.

I'm not in the mood to-V
난 ~할 기분이 아니야.

위 표현은 말 그대로 뭔가를 할 기분이 아니라고 말할 때 쓰는 표현이며, 'to-V' 대신 'for N/V-ing'를 써서 말해도 됩니다.

응용문장

I'm not in the mood for jokes right now.
난 지금 농담할 기분이 아니야

18

I just wanted to enjoy that one moment.

난 단지 그 한 순간을 즐기고 싶었어.

I just wanted to-V
난 단지 ~하고 싶었어.

위 표현은 현재 A라는 행동을 한 상태는 아니지만 사실 A라는 행동을 할 '의도'였다고 강조해서 말할 때 쓰는 표현입니다.

응용문장

I just wanted to apologise for my mistake.
난 단지 내 실수에 대해 사과하고 싶었어.

Don't forget to bundle up before you go outside.

외출 전에 옷을 껴입는 거 잊지 마.

Don't forget to-V

~하는 거 잊지 마.

위 표현은 말하는 시점을 기준으로 미래에 어떤 일을 하는 것을 잊지 말라고 상기시키거나 지시할 때 쓰는 표현입니다.

응용문장

Don't forget to water the plants while I'm away.
내가 없는 동안 식물에 물 주는 거 잊지 마.

It's worth
a visit.

한번 가 볼
가치가 있어.

It's worth N/V-ing
~할 가치가 있어.

위 표현은 'worth(할 가치가 있는)'이란 형용사가 들어간 표현이며, 가치를 있다고
생각되는 대상/행위를 뒤에 붙여 말합니다.

> 응용문장

It's worth watching that movie.
그 영화는 관람할[볼 만한] 가치가 있어.

It bothers me (that)
we weren't taught this in school.

우리가 학교에서 이런 것을 배우지
못했다는 것이 신경 쓰여.

It bothers me (that) ~
~라는 것이 신경 쓰여.

위 표현은 나를 불편하고 불쾌하게 만드는 사실[상황]이 있을 경우 '이것 때문에 신경 쓰인다'고 털어놓는 표현입니다.

응용문장

It bothers me (that) we're always the last to know.
우리가 항상 제일 늦게 안다는 것이 신경 쓰여.

I can't stand
messy places.

난 지저분한 곳을
참을 수 없어.

I can't stand N/V-ing
난 ~을 참을 수 없어.

위에서 stand는 '일어서다'가 아닌 '참다, 견디다'라는 뜻으로 쓰였기 때문에 '난
~(라는 대상/행위)를 참을 수 없어'로 풀이됩니다.

응용문장

I can't stand being stuck in traffic for hours.
난 몇 시간 동안 교통 체증에 갇혀 있는 것을 참을 수 없어.

9

Don't even bother calling to cancel my appointments.

굳이 내 약속을 취소하려고
전화할 필요 없어.

Don't even bother V-ing
굳이 ~할 필요 없어.

위 표현은 직역하면 '~하는 걸 신경 쓰지도 마'이며, 이는 곧 신경 쓸 필요도 없으니
'굳이 ~할 필요 없어'라는 말로 풀이됩니다.

> 응용문장

Don't even bother locking the door.
굳이 문 잠글 필요 없어.

21

I can't wait to read the book.

난 빨리
그 책을 읽고 싶어.

I can't wait to-V
난 빨리 ~하고 싶어.

'난 ~하는 것을 기다릴 수 없어'라는 말은 결국 그렇게 기다릴 수 없을 만큼 '난 빨리 ~하고 싶어'라는 뜻으로 풀이됩니다.

응용문장

I can't wait to meet you in person.
난 빨리 널 직접 만나 보고 싶어.

Don't even think about dropping out.

자퇴에 대해서는
생각도 하지 마.

Don't even think about V-ing
~에 대해서는 생각도 하지 마.

위 표현은 상대방이 어떤 행동을 하려는 것에 대해 하지 말라고 강력한 어조로 충고[경고]할 때 쓸 수 있는 표현입니다.

응용문장

Don't even think about giving up now.
지금 포기하는 것에 대해서는 생각도 하지 마.

22

I'm looking for
a new job.

난 새 직업을
찾고 있어.

I'm looking for ~
난 ~을 찾고 있어.

위 표현은 눈에 보이는 실질적인 대상들 외에도 '직업, 정보'와 같은 추상적 대상들을 찾는다고 할 때에도 유용하게 씁니다.

응용문장

I'm looking for a gift for my sister's birthday.
난 내 여동생의 생일을 위한 선물을 찾고 있어.

How do I get to the airport?

나 공항까지 어떻게 가?

How do I get to ~?
~에[까지] 어떻게 가?

위에서 get은 '도착하다'라는 뜻으로 쓰였기 때문에 위 표현은 '~에 어떻게 도착해? → ~에 어떻게 가?'라는 말로 풀이됩니다.

응용문장

How do I get to the nearest subway station?
가장 가까운 지하철역까지 어떻게 가?

23

I don't know why
I decided to tell the truth.

왜 내가 진실을 말하기로
결심했는지 모르겠어.

I don't know why ~
왜 ~인지 모르겠어.

위 표현은 이유를 알 수 없는 사안에 대한 궁금증, 혹은 '대체 왜 그랬지?'라는 혼란
함을 표출할 때 쓰는 표현입니다.

응용문장

I don't know why he decided to quit his job.
왜 그가 일을 그만두기로 결심했는지 모르겠어.

6

It's all about money and fame.

돈과 명성이
중요해.

It's all about ~

~이 중요해.

'이 모든 건 ~에 대한 것이다'라는 말은 곧 모든 것이 그것에 대한 것일 만큼 '중요하다, 핵심이다'라는 뉘앙스로 풀이됩니다.

응용문장

It's all about teamwork and collaboration.
팀워크와 협업이 중요해.

24

It can't be perfect until it's done.

그게 완성되기 전까지는 완벽할 리가 없어.

It can't be ~

그게 ~할[일] 리가 없어.

위 표현은 있을 거라고 전혀 예상 않고 있는[있던] 일과 관련해 그럴 리 없다고 강하게 확신하며 부정하는 뉘앙스의 표현입니다.

응용문장

It can't be the same person I met yesterday.
그게[그 사람이] 어제 내가 만났던 같은 사람일 리가 없어.

Let me know
what it is.

그것이 무엇인지
나에게 알려 줘.

Let me know ~

~을 나에게 알려 줘.

위 표현은 직역하면 '내가 ~을 알게끔 해 줘'이며, 이는 곧 내가 알 수 있게끔 '~을
나에게 알려 줘'라는 말로 풀이됩니다.

> #### 응용문장
>
> Let me know when you're ready to leave.
> 떠날 준비가 되면 나에게 알려 줘.

25

There's nothing you can't do.

네가 할 수 없는 일은 아무것도 없어.

There's nothing ~
~인 것은 아무것도 없어.

위 표현은 상대방에게 '걱정하지 마, 잘 될 거야'라는 뉘앙스로 '~인 (나쁜) 것은 아무것도 없어'라는 뜻으로 말할 때 잘 쓰입니다.

응용문장

There's nothing we can't accomplish.
우리가 해낼 수 없는 것[일]은 아무것도 없어.

4

It's no wonder (that) people don't trust authority.

사람들이 권위를 신뢰하지
않는 건 당연해.

It's no wonder (that) ~

~인 건 당연해.

위 표현은 직역하면 '~인 건 놀라운 일이 아니다'이며, 이는 곧 놀라운 일이 아닐 만큼 '당연하다'라는 말로 풀이됩니다.

> 응용문장

It's no wonder (that) she got the promotion.
그녀가 승진한 건 당연해.

26

She is more likely to accept the decision.

그녀는 그 결정을
받아들일 가능성이 더 높아.

be more likely to-V
~할 가능성이 더 높다

위 표현은 'likely(~할 것 같은)'이라는 형용사가 들어간 표현이며, 발생 가능성이
높다고 판단되는 일을 가리켜 말할 때 씁니다.

응용문장

She is more likely to choose the blue dress.
그녀는 파란색 드레스를 선택할 가능성이 더 높아.

How do you know
when it will be done?

넌 그게 언제 끝날지
어떻게 알아?

How do you know ~?
넌 ~을 어떻게 알아?

위 표현은 어떤 것에 대해 '어떻게' 알고 있는지 물어볼 때, 혹은 어떻게 그걸 알고
있는지에 대한 '놀라움'을 표현할 때에도 씁니다.

응용문장

How do you know which choice is the right one?
넌 어떤 선택이 옳은지 어떻게 알아?

27

We do this without even thinking about it.

우리는 무의식적으로
이것을 해.

without even thinking about it
무의식적으로

위 표현은 직역하면 '그것에 대해 생각조차 하지 않고'이며, 이 말은 곧 '(생각 없이)
무의식적으로'라고 풀이됩니다.

응용문장

I did it without even thinking about it.
난 무의식적으로 그것을 했어.

Do you know what it means?

넌 그게 무슨 뜻인지 알아?

Do you know ~?
넌 ~을 알아?

위 표현은 말 그대로 상대방에게 어떤 것에 대해 제대로 알고 있는지 물어보거나 확인할 때 쓸 수 있는 표현입니다.

응용문장

Do you know how significant this is?
넌 이게 얼마나 중요한 일인지 알아?

28

Science has come a long way.

과학이
크게 발전했어.

have come a long way
크게 발전하다

위 표현은 말 그대로 '긴 과정(a long way)'을 '밟아 오면서(have come) 크게 성장하고 발전했다는 뜻으로 쓰는 표현입니다.

응용문장

Women's rights have come a long way.
여성의 권리가 크게 발전했어.

1

How come you never bring a friend with you?

왜 넌 친구를 절대 데려오지 않아?

How come ~?

왜 ~?

위 표현은 어떠한 사실이나 상황에 대해 '꽤 놀랍거나 궁금해하는 태도'로 왜 그런지 물어볼 때 쓰는 표현입니다.

응용문장

How come you didn't call me when you arrived?

왜 너 도착했을 때 나한테 전화 안 했어?

29

That came as a shock to me.

그건 나에게는 큰 충격이었어.

come as a shock to someone
~에게는 큰 충격이다

위 표현은 직역하면 '~에게 충격으로 다가오다'이며, 이 말을 좀 더 구어적으로 풀면 '~에게는 큰 충격이다'로 해석됩니다.

응용문장

The news will come as a shock to him.
그 소식은 그에게는 큰 충격이 될 거야.

9
SEPTEMBER

**The harder you work,
the luckier you get.**

열심히 할수록 더 많은 행운이 찾아옵니다.

30

These things are all over the place.

이런 것들은
어디에나 있어.

be all over the place
어디에나[여기저기 흩어져] 있다

위 표현은 뭔가가 정돈되지 않고 '(무질서한 상태로 분산되어) 어디에나[여기저기 흩어져] 있다'라는 뉘앙스로 말할 때 잘 씁니다.

응용문장

The children's toys were all over the place.
아이들의 장난감이 여기저기 흩어져 있었어.

31

You can't keep avoiding it.

넌 계속
그걸 피할 순 없잖아.

You can't keep V-ing
넌 계속 ~할 순 없어[없잖아].

위 표현은 상대방에게 어떠한 행동을 계속해서 지속할 순 없다고 강조하거나 경고하는 뉘앙스로 말할 때 쓰는 표현입니다.

응용문장

You can't keep running from your problem.
넌 계속 네 문제로부터 도망칠 순 없어.

5
MAY

**Put off for one day and
ten days will pass.**

하루를 미루면 열흘이 갑니다.

All I know is (that) I had really big dreams.

내가 아는 것은 내가 정말
큰 꿈을 꿨다는 것뿐이야.

All I know is (that) ~
내가 아는 것은 ~뿐이야.

위 표현은 다른 건 몰라도 '이거 하난 확실히 안다'고 강조하는 표현이며, 다른 건 신경 안 쓴다는 뉘앙스도 포함되어 있습니다.

응용문장

All I know is (that) the time waits for no one.
내가 아는 것은 시간은 아무도 기다려 주지 않는다는 것뿐이야.

They spoke highly of it.

그들은 그것을
높이 평가했어.

speak highly of ~
~을 높이 평가하다[크게 칭찬하다]

highly가 '높이 평가하여, 크게 칭찬하여'란 뜻으로 쓰였기 때문에 위 표현은 '~을 높이 평가하다[크게 칭찬하다]로 풀이됩니다.

응용문장

We all **speak highly of** your dedication.
우리 모두 너의 헌신을 높이 평가하고 있어.

There's no need to apologise.

사과할
필요 없어.

There's no need to-V
~할 필요 없어.

위 표현은 말 그대로 '~할(to-V) 필요성(need)이 없다(There's no)'는 뜻이기 때문에 '~할 필요 없어'라는 말로 풀이됩니다.

응용문장

There's no need to feel guilty about it.
그것에 대해 죄책감 느낄 필요 없어.

I had trouble sleeping after watching it.

난 그걸 보고 나서
자는 데 어려움을 겪었어.

have trouble V-ing
~하는 데 어려움을[이] 겪다[있다]

위 표현은 특정 상황에서 겪은 어려움, 혹은 어떠한 능력이나 기술을 수행하기 어렵다고 말할 때 쓰는 표현입니다.

응용문장

I have trouble pronouncing some words.
난 몇몇 단어들을 발음하는 데 어려움이 있어.

I just need to get that back.

난 그냥
그걸 되찾기만 하면 돼.

I just need to-V
난 그냥 ~하기만 하면 돼.

위 표현은 복잡하고 어렵게 이것저것 할 필요가 없는 상황에서 '그냥 ~만 하면 돼'
라는 뉘앙스로 말할 때 쓰는 표현입니다.

응용문장

I just need to run a few errands.
난 그냥 심부름 몇 개를 하기만 하면 돼.

3

When diet is wrong, medicine is of no use.

다이어트가 잘못되었을 때,
약은 무용지물이야.

be of no use
무용지물이다

위 표현은 직역하면 '쓸모(use)가 없는(no) 것이다'이며, 이를 사자성어로 줄여서
말하면 '무용지물이다'로 풀이됩니다.

응용문장

When the plan is flawed, effort is of no use.
계획이 잘못되었을 때, 노력은 무용지물이야.

27

🎧 239

I can tell
what you picked.

난 네가 뭘 골랐는지
알 수 있어.

I can tell ~
난 ~을 알 수 있어.

위 표현은 직역하면 '난 ~을 말할 수 있어'이며, 이는 곧 그렇게 자신 있게 말할 만큼
그걸 '알 수 있다'는 뜻으로 풀이됩니다.

> 응용문장

I can tell you're not feeling well today.
난 네가 오늘 몸이 안 좋다는 걸 알 수 있어.

4

It's safe to say (that) our recommendations stand strong.

우리의 권고가 강력하다고 해도
과언이 아니야.

It's safe to say (that) ~

~라고 해도 과언이 아니야.

'~라고 말하는 것은 안전[무방]하다'라는 말은 결국 그렇게 말해도 무방할 만큼 '과언이 아니다'로 풀이됩니다.

응용문장

It's safe to say (that) she is the best player.
그녀가 최고의 선수라고 해도 과언이 아니야.

It's not like
they teach us in school.

학교에서
가르치는 것도 아니잖아.

It's not like ~

~인 것도 아니잖아.

위 표현은 누군가 A라고 알고 있는 사실에 대해 '꼭 A인 건 아니다'라는 부정적인
뉘앙스로 반박할 때 잘 쓰는 표현입니다.

응용문장

It's not like I have all the answers.
나한테 답이 다 있는 것도 아니잖아.

5

Don't get attached to me.

나한테 집착하지 마.

Don't get attached to ~
~에 집착하지 마.

위 표현은 직역하면 '~에 달라붙지 마'이며, 이는 곧 그렇게 달라붙어서 '집착하지 마'라는 뜻으로 풀이됩니다.

Don't get attached to past mistakes.
과거의 실수에 집착하지 마.

Suppose that
I choose the wrong career.

내가 직업을 잘못 선택했다고
가정해 보자.

Suppose that ~
~라고 가정해 보자.

Suppose는 '가정하다'라는 뜻의 동사이며, 따라서 위 표현은 어떠한 상황을 가정해서 그에 대해 논의할 때 쓰는 표현입니다.

응용문장

Suppose that I move to a different city.
내가 다른 도시로 이사를 간다고 가정해 보자.

6

126

Judging from the Facebook page, I'm not alone.

페이스북 페이지로 판단해 보면,
난 혼자가 아니야.

Judging from ~
~으로 판단해 보면

'판단하다'라는 뜻의 'Judge'란 단어에서 파생된 표현으로, 근거 있는 정보[정황]를 기반으로 뭔가를 추론할 때 쓰는 표현입니다.

응용문장

Judging from the traffic, we might be late.
교통 상황으로 판단해 보면, 우린 늦을 것 같아.

Spicy is not my thing.

매운 건
내 취향이 아니야.

be not my thing
내 취향이 아니다

위 표현은 직역하면 '내 것이 아니다'이며, 여기서 '내 것'을 '나의 취향[선호도]'라고 했을 경우 '내 취향이 아니다'라고 풀이됩니다.

응용문장

Big parties are not my thing.
큰 파티는 내 취향이 아니야.

7

You can't solve that kind of problem all in one go.

그런 종류의 문제는
한꺼번에 해결할 순 없어.

all in one go
한꺼번에

위에서 'all = 모든 것, one go = 한 번의 시도'를 뜻하기 때문에 이를 해석하면 '모든 것을 한 번에 → 한꺼번에'로 풀이됩니다.

응용문장

I read the entire book series all in one go.
난 책 전 시리즈를 한꺼번에 다 읽었어.

How do I stop hating myself?

내가 어떻게 하면 나 자신을
그만 미워할 수 있을까?

How do I V?
내가 어떻게 하면 ~할까?

위 표현은 말 그대로 뭔가를 할 수 있는 '방법(How)'이 무엇인지 궁금해하며 질문을 던질 때 쓸 수 있는 표현입니다.

응용문장

How do I overcome these negative thoughts?
내가 어떻게 하면 이런 부정적인 생각들을 극복할까?

8

In terms of design for life, it couldn't be better.

생활을 위한 디자인 관점에서,
이보다 더 좋을 순 없어.

in terms of N/V-ing
~의 관점에서[에 있어]

위 표현은 어떠한 대상이나 사람을 '특정한 관점[측면]'에 국한해서 구체적으로 설명하고 묘사할 때 쓰는 표현입니다.

응용문장

In terms of managing time, he is very organised.
시간 관리 관점에 있어, 그는 매우 체계적이야.

If you ask me what I am, I'm an American.

내가 누군지 내게 묻는다면,
난 미국인이야.

If you ask me ~

~을 내게 묻는다면

위 표현은 상대방이 나에게 뭘 물어봤을 때 이에 답변하기 전 '그거에 대해 묻는다면 말이지'라는 느낌으로 붙이는 추임새입니다.

응용문장

If you ask me about my hobbies, I love hiking.
내 취미에 대해 내게 묻는다면, 난 하이킹을 정말 좋아해.

9

129

When it comes to buying a sleeping bag, make sure it fits you.

침낭 사는 것에 관해서라면,
그게 너한테 맞는지 확인해 봐.

when it comes to N/V-ing
~에 관해서라면[관한 한]

위 표현은 화제를 명확한 주제[분야]나 상황에 국한한 뒤 이야기하고자 할 때 쓸 수 있는 유용한 표현입니다.

응용문장

When it comes to football, he's a natural athlete.
축구에 관한 한, 그는 타고난 운동선수야.

You told me to go for it.

네가 나한테
해 보라고 했잖아.

You told me to-V
네가 나한테 ~하라고 했잖아.

위 표현은 말 그대로 내가 어떤 행동을 하게끔 시킨[조언한] 사람이 바로 '너'라고
강조하며 말할 때 쓰는 표현입니다.

응용문장

You told me to pursue my dreams.
네가 나한테 내 꿈을 좇으라고 했잖아.

10

130

We're working on a daily basis.

우리는 매일같이 일하는 중이야.

on a daily basis
매일같이

위 표현은 직역하면 'on(위에)+a daily(매일의)+basis(기반) = 매일의 기반 위에'
이며, 이는 결국 '매일같이'라고 풀이됩니다.

응용문장

I exercise on a daily basis to stay fit.
난 건강을 유지하기 위해 매일같이 운동해.

I'm good with people.

난 사람들을
잘 다뤄.

I'm good with someone
난 ~을 잘 다뤄.

'good with someone'이라고 하면 어떤 특정적인 사람들과 잘 지내고 그들을 다루는 인간관계 능력이 뛰어남을 의미합니다.

응용문장

I'm good with kids, I can babysit for you.
난 아이들을 잘 다뤄, 널 위해 아이를 봐 줄 수 있어.

11

The thing is,
living here is not easy.

중요한 건,
여기 사는 게 쉽지 않다는 거야.

The thing is,
중요한 건,

위 표현은 상대방의 주의를 끌면서 중요한 사실을 강조하며 말할 때 쓰는 추임새이며, 화제 전환 시에도 효과적으로 쓰입니다.

응용문장

The thing is, learning a new language takes time.
중요한 건, 새로운 언어를 배우는 덴 시간이 걸린다는 거야.

I'm good at cooking.

난 요리에
능숙해.

I'm good at N/V-ing
난 ~에 능숙해[~을 잘해].

위 표현은 특정 분야에 있어 그걸 하는 능력[기술]이 뛰어날 경우 자신이 '그 분야에 능숙하다'고 말할 때 쓰는 표현입니다.

응용문장

I'm good at solving puzzles.
난 퍼즐 푸는 것을 잘해. (= 난 퍼즐을 잘 풀어.)

12

The first thing we have to do is catch the moths.

우리가 제일 먼저 할 일은
나방을 잡는 거야.

The first thing we have to do is V
우리가 제일 먼저 할 일은 ~하는 거야.

'우리가 해야 할 첫 번째 것은 ~하는 거야'라는 말은 곧 '우리가 제일 먼저 할 일은 ~
하는 거야'로 풀이됩니다.

응용문장

The first thing we have to do is make a list.
우리가 제일 먼저 할 일은 목록을 만드는 거야.

It's better for you to do something while you're in here.

여기 있는 동안
넌 뭔가를 하는 게 좋아.

It's better for you to-V
넌 ~하는 게 좋아.

위 표현은 어떤 특정 상황에서 상대방이 무엇을 하는 게 가장 이상적일지 권유하거나 제안할 때 쓰는 표현입니다.

응용문장

It's better for you to ask for help if you're stuck.
네가 막힌다면 넌 도움을 요청하는 게 좋아.

The last thing I want to do is argue that.

난 정말로 그것에 대해
언쟁하고 싶지 않아.

The last thing I want to do is V
난 정말로 ~하고 싶지 않아.

'내가 하고 싶은 최후의 것은 ~하는 거야'라는 말은 곧 최후에 하고 싶을 만큼 '난 정말로 ~하고 싶지 않아'라고 풀이됩니다.

응용문장

The last thing I want to do is let you down.
난 정말로 너를 실망시키고 싶지 않아.

What on earth are you talking about?

너 대체 무슨 얘기를
하고 있는 거야?

What on earth are you V-ing?
너 대체 무슨 (것/짓을) ~하고 있는 거야?

위 표현은 상대방이 이해하기 힘든 이상한 행동을 한다고 생각될 때 '대체 뭐 하는
건데?'라는 뉘앙스로 지적하는 느낌의 표현입니다.

응용문장

What on earth are you doing in my room?
너 대체 내 방에서 무슨 짓을 하고 있는 거야?

How was your day?

오늘은 어땠어?

How was your ~?
(너의) ~은 어땠어?

위 문장은 상대방에게 가볍게 컨디션[근황]을 물으며 자연스럽게 대화의 물꼬를 트는 친근한 인사 표현 중 하나입니다.

> 응용문장

How was your first day at school?
(너의) 학교에서의 첫날은 어땠어?

16

It's just that it's so powerful.

그냥 그게
너무 강력해서 그래.

It's just that ~

그냥 ~이라서 그래.

위 표현은 어떤 것에 대한 이유[변명]를 직접적으로 말하기보다 '그냥[그게 말이지]'라는 뉘앙스로 에둘러 말하는 느낌의 표현입니다.

It's just that I'm not a big fan of seafood.
그냥 내가 해산물을 별로 안 좋아해서 그래.

15

How far
can you go?

얼마나 멀리
갈 수 있어?

How far ~?
얼마나 멀리 ~?

위 표현은 물리적 거리를 기준으로 '얼마나(How)+far(멀리(까지))' 떨어져 있거나
뭔갈 할 수 있는지 물을 때 곧잘 쓰입니다.

응용문장

How far can you throw a baseball?
얼마나 멀리 야구공을 던질 수 있어?

There's nothing like that place.

거기만 한 곳은 없어.

There's nothing like ~
~만 한 것은 없어.

위 표현은 아주 특별하고 좋다고 느껴지는 것들을 '이것만 한 게 없을 정도로 최고 다'라는 뉘앙스로 칭찬하는 표현입니다.

> 응용문장

There's nothing like a cup of coffee in the morning.
아침에 마시는 커피 한 잔만 한 것은 없어.

16

How soon
can you be home?

얼마나 빨리
집에 올 수 있어?

How soon ~?
얼마나 빨리 ~?

위 표현은 시간 개념을 기준으로 '얼마나(How)+빨리(soon)' 뭔가를 해서 그 일을
마칠 수 있는지 물을 때 곧잘 쓰입니다.

응용문장

How soon can you finish the report?
얼마나 빨리 보고서를 끝낼 수 있어?

I can't promise anything.

내가 약속할 수 있는 것은 없어.

I can't V anything
내가 ~할 수 있는 것은 없어.

위 표현은 어떤 것에 있어 '내 자신이 그걸 할 수 있는 능력이 전혀 없다'고 강하게 강조해서 말할 때 쓰는 표현입니다.

응용문장

I can't **play anything** on the piano.
내가 피아노로 연주할 수 있는 것은 없어.

17

How often
do you visit home?

얼마나 자주
집에 방문해?

How often do you V?
얼마나 자주 ~해?

위 표현은 빈도수[횟수]를 기준으로 '얼마나(How)+자주(often)' 뭔가를 습관적[주기적]으로 하는지 물을 때 곧잘 쓰입니다.

응용문장

How often do you clean your house?
얼마나 자주 집을 청소해?

Don't try to look for your soulmate in one person.

한 사람에게서
인생의 동반자를 찾으려고 하지 마.

Don't try to-V
~하려고 하지 마.

위 표현은 상대방이 스스로 도움되지 않는 행동을 할 것 같은 경우 그렇게 하지 말라고 조언[경고]하는 뉘앙스의 표현입니다.

> 응용문장

Don't try to be someone you're not.
너 자신이 아닌 사람이 되려고 하지 마.

18

How long will you stay?

얼마 동안 머무를 거야?

How long will you V?
얼마 동안 ~할 거야?

위 표현은 시간 개념을 기준으로 '얼마나(How)+길게(long)' 무엇을 할 건지 묻는 표현이며, 문맥상 '얼마 동안'으로 풀이됩니다.

응용문장

How long will you work on this project?
얼마 동안 이 프로젝트를 위해 일할 거야?

Is that what you wanted?

그게 네가
원했던 거야?

Is that what ~?

그게 ~인 거야?

위 표현은 이전에 들은 말을 내가 제대로 이해한 게 맞는지 좀 더 명확히 확인하고 싶을 때 쓸 수 있는 표현입니다.

응용문장

Is that what you heard from him?

그게 네가 그에게서 들은 거야?

19

How long have you been doing this?

이런 짓을 한 지는 얼마나 됐어?

How long have you been V-ing?
~한 지는 얼마나 됐어?

위 표현은 '과거부터 지금까지 얼마 동안 쭉 ~해 왔는지' 묻는 표현이며, 따라서 현재완료진행시제(have been V-ing)를 씁니다.

응용문장

How long have you been gardening?
정원을 가꾼 지는 얼마나 됐어?

11

That's the way to feel good.

그게 바로
기분이 좋아지는 방법이야.

That's the way to-V
그게 바로 ~하는 방법이야.

위 표현은 어떠한 접근 방식이 올바르다고 여겨질 때 '(맞아) 그게 바로 ~하는 방법이지'라고 동조하는 뉘앙스의 표현입니다.

응용문장

That's the way to handle a difficult situation.
그게 바로 어려운 상황을 다루는 방법이야.

How long does it take to learn a new language?

새 언어를 배우는 데
시간이 얼마나 걸려?

How long does it take to-V?
~하는 데 시간이 얼마나 걸려?

위에서 to-V 자리에 시간이 얼마나 걸리는지 궁금한 다양한 행위들을 넣어 말하기만 하면 손쉽게 영작할 수 있습니다.

응용문장

How long does it take to drive to the airport?
공항까지 운전해서 가는 데 시간이 얼마나 걸려?

That's the reason why we're doing this.

그래서 우리가 이렇게 한 거야.

That's the reason why ~
그래서 ~인 거야.

위 표현은 어떠한 일이 발생한 것에 대한 이유[원인]을 보다 명확하게 강조해서 설명할 수 있는 표현입니다.

응용문장

That's the reason why I couldn't attend.
그래서 내가 참석하지 못한 거야.

21

I told you
not to think about it.

내가 그것에 대해
생각하지 말라고 했잖아.

I told you not to-V
내가 ~하지 말라고 했잖아.

위 표현은 당초 하지 말라고 했던 일을 해 버린 당사자에게 '하지 말라고 했는데 왜
했어?'라는 뉘앙스로 말하는 표현입니다.

응용문장

I told you not to stay up too late.
내가 너무 늦게까지 깨 있지 말라고 했잖아.

221

9

Can you get me my phone?

내 폰 좀
갖다줄래?

Can you get me ~?
~을 좀 갖다줄래?

'get+me+물건'은 '나에게 ~을 갖다주다'라는 뜻이기 때문에 위 표현은 '나에게 ~을 갖다줄 수 있어? → ~을 좀 갖다줄래?'로 풀이됩니다.

응용문장

Can you get me a pen and paper?
펜이랑 종이 좀 갖다줄래?

22

Do you want to go with me?

나랑
같이 갈래?

Do you want to-V?
~할래?

상대방에게 뭘 하고 싶은지 묻는 가장 기본적인 표현이며, '무언갈 같이 하지 않겠냐고 제안하는 뉘앙스'로 곧잘 쓰입니다.

응용문장

Do you want to grab a coffee after work?
퇴근 후에 커피 한잔 할래?

I can't believe (that) she even knows what that is.

그녀조차 그게 뭔지 안다니
난 믿을 수 없어.

I can't believe (that) ~
~이라는 것을 난 믿을 수 없어.

위 표현은 말 그대로 어떤 사실에 대해 너무 놀란[당황한] 나머지 이를 '믿을 수 없을 정도라고 강조'하며 말하는 표현입니다.

응용문장

I can't believe (that) you forgot my birthday.
네가 내 생일을 잊어버렸다는 것을 난 믿을 수 없어.

23

Do you want me to tell the truth?

너 내가
진실을 말하길 원하는 거야?

Do you want me to-V?
너 내가 ~하길 원하는 거야?

위 표현은 단순히 내가 뭘 하길 바라는지 묻거나, 상대방이 내게 뭔가 원하는 게 있어 보일 경우 이를 확인할 때에도 쓰입니다.

응용문장

Do you want me to support your decision?
너 내가 네 결정을 지지해 주길 원하는 거야?

7

Why can't we
talk about periods?

왜 우리가 생리에 대해
얘기하면 안 돼?

Why can't we V?
왜 우리가 ~하면 안 돼?

위 표현은 우리에게 불가능하거나 금지된 것들에 대해 이의를 제기하고 불만을 표출할 때 쓸 수 있는 표현입니다.

응용문장

Why can't we try something new?
왜 우리가 새로운 것을 시도하면 안 돼?

24

144

Let's say you had all money in the world.

이럴 테면 네가 이 세상의
모든 돈을 가지고 있었다고 해 보자.

Let's say ~

이럴 테면 ~이라고 해 보자.

'Let's say(~라고 말하자)' 뒤에 다양한 상황을 상상해서 넣게 되면 그러한 상황을
'가정해서 말해 보자'라는 뜻이 됩니다.

응용문장

Let's say you had the ability to time travel.
이를 테면 네가 시간 여행을 하는 능력이 있었다고 해 보자.

6

The least I could do is go to his funeral.

내가 할 수 있는 최소한의 것은 그의 장례식에 가는 거야.

The least I could do is V
내가 할 수 있는 최소한의 것은 ~야.

위 표현은 누군가에 대한 감사를 표하거나 누군가를 돕기 위해 '아주 작게라도 ~을 하겠다'는 뉘앙스의 표현입니다.

응용문장

The least I could do is return the favour.
내가 할 수 있는 최소한의 것은 은혜를 갚는 거야.

25

145

Wouldn't it be better to use them for medical research?

의학적 연구를 위해 그것들을
사용하는 것이 더 좋지 않았을까?

Wouldn't it be better to-V?
~하는 것이 더 좋지 않았을까?

위 표현은 '~하는 게 더 나아'라는 직접적[단정적]인 표현 대신 완곡한 말투로 부드럽게 의견을 제시하는 표현입니다.

> **응용문장**

Wouldn't it be better to take a direct flight?
직항 비행편을 타는 것이 더 좋지 않았을까?

5

How could you forget that?

너 어떻게
그걸 잊을 수가 있어?

How could you V?
너 어떻게 ~할 수가 있어?

위 표현은 다른 사람이 용납 안 되는 행동을 했을 경우 '어떻게 ~할 수가 있느냐'고
비난하는 어조로 지적하는 표현입니다.

응용문장

How could you say such hurtful things?
너 어떻게 그런 상처 주는 말을 할 수가 있어?

26

Don't act like it doesn't happen in your world.

너의 세상에는 그런 일이
없는 것마냥 행동하지 마.

Don't act like ~

~마냥 행동하지 마.

위 표현은 마음에 안 드는 행동을 하는 이에게 비판적 뉘앙스로 '그런 식으로 행동
하지 말라'고 지적할 때 곧잘 쓰입니다.

응용문장

Don't act like you've never heard this before.
전에 이걸 전혀 들은 적 없는 것마냥 행동하지 마.

4

You've been asking a little bit about her.

너 계속 그녀에 대해
조금씩 물어보고 있잖아.

You've been V-ing
너 계속 ~하고 있잖아.

위 표현은 '(궁금) 너 계속 그러고 있네?'라는 뉘앙스로도 쓰이고, '(비난) 너 계속 그러고 있냐'라는 뉘앙스로도 쓰입니다.

응용문장

You've been showing a lot of interest in this topic.
너 계속 이 주제에 대해 많은 관심을 보이고 있잖아.

27

What I'm saying is (that) we have a financial crisis.

내가 말하려는 건 우리가 금융 위기를 겪고 있다는 거야.

What I'm saying is (that) ~
내가 말하려는 건 ~라는 거야.

위 표현은 내가 말하고 있는 핵심 포인트를 상대방에게 재차 강조하며 각인시키고자 할 때 곧잘 쓰이는 표현입니다.

응용문장

What I'm saying is (that) they won't accept it.
내가 말하려는 건 그들이 그걸 받아들이지 않을 거라는 거야.

3

What did you do with your privilege?

너의 특권은 어떻게 했어?

What did you do with ~?
~은 어떻게 했어[한 거야]?

위 표현은 상대방이 가지고 있던 것들을 어떻게 한 건지 물어보고 현재 어떠한 상태인지 확인할 때 쓰는 표현입니다.

응용문장

What did you do with the keys I gave you?
내가 너한테 준 열쇠는 어떻게 했어?

28

I was hoping (that) you would talk to us about your current work.

네 현재 업무에 대해 우리에게
말해 주길 바랐어.

I was hoping (that) ~

~이길 바랐어.

위 표현은 바랐던 것이 이뤄지지 않은 상황에서 '~이길 바랐는데 그렇게 되질 않았어'라는 의도를 전달할 때 쓰입니다.

응용문장

I was hoping (that) the weather would be nicer.
날씨가 더 좋길 바랐어.

What matters is the execution and the creative strategy.

중요한 것은
실행과 창조적 전략이야.

What matters is ~
중요한 것은 ~이야.

위에서 matter는 '중요하다'라는 뜻의 동사로 쓰였으며, 이 표현은 핵심[중요한 것]이 무엇인지 보다 강조해서 말할 때 쓰입니다.

응용문장

What matters is that you're doing your best.
중요한 것은 네가 최선을 다하고 있다는 거야.

29

You don't even care about them.

넌 그들에게 관심조차 없잖아.

You don't even V
넌 ~하지조차 않잖아[못하잖아].

위 표현은 상대방이 뭔가 전혀 하지 않거나 시도조차 하지 않은 것에 대해 다소 비판적인 뉘앙스로 지적할 때 곧잘 쓰입니다.

응용문장

You don't even know where he works.
넌 그가 어디서 일하는지 알지조차 못하잖아.

1

Go easy on your local weather person.

현지 기상 담당자를
너그럽게 대해 줘.

Go easy on someone
~을 너그럽게 대해 줘.

위 표현은 다른 사람에 대해 너무 비판적이거나 엄격한 행동을 할 경우 이를 자제
하라고 조언할 때 쓸 수 있는 표현입니다.

응용문장

Go easy on him, he's still learning.
그를 너그럽게 대해 줘, 그는 아직 배우는 중이야.

I'd rather lose money than lose my soul.

영혼을 잃느니
차라리 돈을 잃을게.

I'd rather A than B
B하느니 차라리 A할게.

위 표현은 주어진 두 가지 선택지 중 월등히 선호하는 선택지를 보다 강조하며 말할 때 쓸 수 있는 표현입니다.

응용문장

I'd rather be with him than you.
너와 함께 있느니 차라리 그와 함께 있을게.

8

AUGUST

He can do, she can do, why not me?

그도 하고, 그녀도 하는데, 내가 왜 못 해?

Make sure (that) you lock it.

반드시
그것을 잠가 줘.

Make sure (that) ~

반드시 ~해 줘.

'~이게끔(that ~) 확실하게(sure) 만들라(make)'는 말은 결국 '반드시 그렇게 되도록 만들라'는 지시/요청이라 볼 수 있습니다.

응용문장

Make sure (that) you double-check the document.
반드시 문서를 두 번 확인해 줘.

31

Let me explain this method.

내가 이 방법에 대해 설명할게.

Let me explain ~
내가 ~에 대해 설명할게.

위 표현은 직역하면 '내가 ~을 설명하는 걸 허락해 줘'이며, 이는 곧 공손한 뉘앙스로 어떤 것에 대해 설명하겠다는 뜻입니다.

응용문장

Let me explain why I made that decision.
내가 그런 결정을 내린 이유에 대해 설명할게.

6
JUNE

Habit is the second nature.

습관은 제2의 천성입니다.

30

I'll see if there's some questions I can answer.

내가 대답할 수 있는
질문이 있는지 알아 볼게.

I'll see if ~

내가 ~인지 알아 볼게.

위 표현은 어떤 일을 하기 전 그것이 가능할지 여부를 확인하고 검토해 보겠다는
뜻으로 말할 때 쓰는 표현입니다.

응용문장

I'll see if I can get a discount on this item.
내가 이 물건 할인받을 수 있는지 알아 볼게.

1

Have you ever heard about it?

그것에 대해
들은 적 있어?

Have you ever heard ~?
~을 들은 적 있어?

위 표현은 'Have you ever p.p.?(~해 본 적 있어?)'라는 구문에 heard를 넣어서
'~을 들은 적이 있는지' 물을 때 쓰입니다.

응용문장

Have you ever heard he got hurt?
그가 다쳤다는 얘기 들은 적 있어?

Do you happen to know how much your house is worth?

너 혹시 네 집이 얼마만큼의
가치가 있는지 알고 있어?

Do you happen to-V?

너 혹시 ~해?

위 표현은 너무 대놓고 '너 ~해?'라고 묻는 것보다 상대방이 좀 더 편하게 느낄 수 있도록 자연스럽게 에둘러 묻는 화법입니다.

응용문장

Do you happen to have a phone charger?
너 혹시 휴대폰 충전기 있어?

2

Have you ever seen him before?

전에 그를
본 적 있어?

Have you ever seen ~?
~을 본 적 있어?

위 표현은 'Have you ever p.p.?(~해 본 적 있어?)'라는 구문에 seen를 넣어서 '~을 본 적이 있는지' 물을 때 쓰입니다.

응용문장

Have you ever seen a shooting star?
유성을 본 적 있어?

I don't get it anymore.

난 더 이상 이해 안 돼.

I don't get ~
난 ~이[인지] 이해 안 돼.

위 표현은 어떠한 대상이나 상황이 이해되지 않거나 납득되지 않을 경우 이에 대한 답답함이나 궁금증을 나타낼 때 쓰입니다.

응용문장

I don't get why he always arrives late.
난 왜 항상 그가 늦게 도착하는지 이해 안 돼.

3

You'd better start saving.

넌 저축을 시작하는 게 좋겠어.

You'd better V
넌 ~하는 게 좋겠어.

위 표현은 하지 않으면 부정적 결과가 초래될 수 있는 경우 그것을 하라고 약간 강한 뉘앙스로 권고할 때 쓰는 표현입니다.

응용문장

You'd better hurry or you'll miss the bus.
넌 서두르는 게 좋겠어, 그렇지 않으면 버스를 놓칠 거야.

I'll go get some money.

내가
돈 좀 가지고 올게.

I'll go get ~
내가 ~을 가지고 올게.

본래 'go and get(가서 가져오다)'과 같이 go와 get 사이에 and가 있는 표현이지만 주로 and는 생략해서 말합니다.

응용문장

I'll go get a glass of water for you.
내가 널 위해[네가 마실] 물 한 잔 가지고 올게.

4

155

You'd better not go to sleep.

넌 잠을 자지 않는 게 좋겠어.

You'd better not V
넌 ~하지 않는 게 좋겠어.

위 표현은 하게 되면 부정적 결과가 초래될 수 있는 경우 그것을 하지 말라고 약간 강한 뉘앙스로 권고할 때 쓰는 표현입니다.

응용문장

You'd better not stay out too late.
넌 너무 늦게까지 밖에 있지 않는 게 좋겠어.

It's getting closer to 4 now.

이제 점점
4시에 가까워지고 있어.

It's getting ~

(이제) 점점 ~해지고 있어.

사람 대신 'It'를 주어로 써서 'It' getting'이라고 하면 '현재의 상황[환경]'이 점점
어떠한 상태로 변화하고 있다는 뜻이 됩니다.

응용문장

It's getting more expensive to buy groceries.
점점 식료품을 사는 것이 더 비싸지고 있어.

156

5

I think we'd better get down there.

내 생각엔 저 아래로
내려가는 게 좋을 것 같아.

I think we'd better V
내 생각엔 ~하는 게 좋을 것 같아.

위 표현은 상대방에게 뭔가를 같이 하자고 부드럽게 에둘러 제안하고 동의를 구하고자 할 때 쓰는 표현입니다.

응용문장

I think we'd better look for her.
내 생각엔 그녀를 찾아보는 게 좋을 것 같아.

25

I'm getting bored of this.

나 점점 이게 지겨워지고 있어.

I'm getting ~
나 점점 ~해지고 있어.

get은 '변화'를 나타내는 동사이기 때문에 위 표현은 '나의 감정/상태가 점점 ~하게 변화하고 있어'라고 풀이됩니다.

응용문장

I'm getting better at playing the guitar.
나 점점 기타 치는 게 나아지고 있어.

6

Maybe we should eat healthier.

아마도 우린 더 건강한 음식을
먹어야 할 것 같아.

Maybe we should V
아마도 우린 ~해야 할 것 같아.

위 표현은 상대방의 반응과 의견이 어떨지 고려하면서 조심스럽게 '~해야 하지 않을까?'라고 제안할 때 쓰는 표현입니다.

> 응용문장

Maybe we should save more money.
아마도 우린 돈을 좀 더 모아야 할 것 같아.

What's it like to work with a bunch of guys?

많은 남자들과
함께 일하는 건 어때?

What's it like to-V?
~하는 건 어때[어떤 느낌이야]?

위 표현은 어떤 것에 대한 다른 사람의 생각이나 감정이 어떤지 궁금하거나 이를
공유하고 싶을 때 쓰는 표현입니다.

응용문장

What's it like to raise three children?
세 명의 아이들을 키우는 건 어때?

7

You should try to stop and seek advice from a professional.

넌 멈추고
전문가의 조언을 구하도록 해.

You should try to-V
넌 ~하도록 해.

위 표현은 다소 강한 어조로 '넌 ~하려고 노력해야 해 → 넌 ~하도록 해'라고 권고하는, 약간의 강제성을 띤 표현입니다.

응용문장

You should try to be more open-minded.
넌 좀 더 열린 마음을 갖도록 해.

How dare you speak to me like that?

어떻게 네가 감히
나한테 그런 말을 할 수 있지?

How dare you V?

어떻게 네가 감히 ~할 수 있지?

위 표현은 상대방이 무례하거나 불쾌한 행동을 했다고 판단됐을 경우 이를 비난하고 지적할 때 쓰는 표현입니다.

응용문장

How dare you spread romours about me?

어떻게 네가 감히 나에 대한 루머를 퍼뜨릴 수 있지?

8

Just because you can, doesn't mean you should.

네가 할 수 있다고 해서 네가 해야 한다는 뜻은 아니잖아.

Just because A doesn't mean B

A라고 해서 B라는 뜻은 아니잖아.

위 표현은 신중한 생각 없이 성급한[단순한] 판단을 내리려고 하는 경우 'A가 무조건 B는 아니다'라고 조언할 때 쓰입니다.

응용문장

Just because it's on sale, doesn't mean you need it.

그게 세일한다고 해서 너한테 그게 필요하다는 뜻은 아니잖아.

22

🎧 203

I can't stop thinking about it.

난 그것에 대해 생각하지 않을 수 없어.

I can't stop V-ing
난 ~하지 않을 수 없어.

위 표현은 직역하면 '난 ~하는 걸 멈출 수가 없어'이며, 이는 곧 멈출 수 없을 만큼 '~하지 않을 수가 없어'라는 말로 풀이됩니다.

응용문장

I couldn't stop laughing at this hilarious video.
난 이 재밌는 영상을 보고 웃지 않을 수 없었어.

9

No offense, but women have a little more patience.

악의는 없어, 하지만 여자들이
조금 더 인내심이 있어.

No offense, but ~
악의는 없어, 하지만 ~야.

위 표현은 상대방이 불편하게 생각할 수 있는 의견을 '악의는 없어'라는 말로 먼저
포장한 뒤 전개하는 화법입니다.

응용문장

No offense, but I'm not a fan of that colour.
악의는 없어, 하지만 난 그런 색은 좋아하지 않아.

21

Why would I do that here?

내가 왜
여기서 그러겠어?

Why would I V?

내가 왜 ~하겠어?

위 표현은 내가 무슨 이유로 그런 납득[이해]되지 않는 행동을 하겠느냐는 뉘앙스로 말할 때 쓰는 표현입니다.

응용문장

Why would I wear a coat in this warm weather?
내가 왜 이 따뜻한 날씨에 코트를 입겠어?

10

Let's start with why this is important.

이것이 왜
중요한지부터 시작하자.

Let's start with ~
~부터 시작하자.

위 표현은 어떤 과정이나 활동을 시작하기 전 첫 단계로 무엇부터 시작하는 게 좋을지 제안할 때 쓰는 표현입니다.

응용문장

Let's start with **the most urgent task.**
가장 시급한 과제부터 시작하자.

20

Why did I think that this would be better now?

내가 왜 지금 이것이 더 나을 거라고 생각했을까?

Why did I V?
내가 왜 ~했을까?

위 표현은 자신이 과거에 한 행동에 대해 '내가 왜 그렇게 했을까?'라고 후회하는 뉘앙스로 말할 때 쓰는 표현입니다.

> 응용문장

Why did I forget to buy milk at the store?
내가 왜 가게에서 우유 사는 걸 잊어버렸을까?

Romour has it that she was pressured into her marriage.

소문에 의하면
그녀는 결혼을 강요당했다고 해.

Romour has it that ~

소문에 의하면 ~이라고 해.

위 표현은 직접적인 출처 없이 떠도는 정보를 전달할 때 쓰는 표현이며, romour라는 단어 자체가 '소문, 떠도는 말'을 뜻합니다.

응용문장

Romour has it that he won the lottery.
소문에 의하면 그가 복권에 당첨됐다고 해.

19

Who said
I'm going to help you?

내가 널 도와준다는 건
누가 말했어?

Who said ~?

~라고[라는 건] 누가 말했어?

위 표현은 모를 거라 생각했던 사람이 알고 있어서 놀랐을 때, 내가 동의할 수 없는 말에 반박하고 싶을 경우 곧잘 씁니다.

> 응용문장

Who said I can't do it on my own?

내가 그걸 혼자서 할 수 없다고 누가 말했어?

12

I just wanted to thank you for talking about this topic.

이 주제에 대해 얘기해 준 것에
감사하고 싶었어.

I just wanted to thank you for N/V-ing
~에 감사하고 싶었어.

위 표현은 'just wanted to thank(그저 감사를 전하고 싶었어)'라는 말로 고마움을 한층 강조하며 감사를 표할 때 쓰입니다.

I just wanted to thank you for your kind words.
너의 친절한 말에 감사하고 싶었어.

18

When was the last time you went a week without eating sugar?

너 마지막으로 설탕 없이
일주일을 보낸 게 언제였지?

When was the last time you V?
너 마지막으로 ~한 게 언제였지?

'네가 ~했던 마지막 때가 언제였지?'라는 말을 좀 더 자연스럽게 해석하면 '너 마지막으로 ~한 게 언제였지'로 풀이됩니다.

> 응용문장

When was the last time you saw him?
너 마지막으로 그를 본 게 언제였지?

13

I feel sorry for men who are looking at women.

여자를 쳐다보는 남자들이 불쌍해.

I feel sorry for someone
~가 불쌍해.

'sorry'가 들어갔다고 해서 '미안하다'라는 뜻이 아니라, 어떤 대상에 대해 '불쌍한 [유감인]' 뜻을 전하는 표현입니다.

응용문장

I feel sorry for the person who lost a beloved pet.
사랑하는 애완동물을 잃은 사람이 불쌍해.

17

I'm sorry
if I hurt you.

내가 네 기분을
상하게 했다면 미안해.

I'm sorry if I V
내가 ~했다면 미안해.

위 표현은 나의 행동으로 인해 상대방이 불쾌함/불편함을 겪었다고 판단되는 상황에서 정중히 사과할 때 쓰는 표현입니다.

응용문장

I'm sorry if I didn't meet your expectations.
내가 네 기대에 못 미쳤다면 미안해.

14

I feel bad for not having called you back sooner.

더 일찍 연락하지 못해서
미안해.

I feel bad for V-ing
~해서 미안해.

'bad'가 들어갔다고 해서 '나쁘다'라는 뜻이 아니라, 어떤 행위를 한 것에 대해 '미안한' 마음을 전하는 표현입니다.

I feel bad for not attending your birthday party.
네 생일 파티에 참석하지 못해서 미안해.

16

Just let me explain that very quickly.

그냥 내가 그것을
아주 **빨리** 설명하게 해 줘.

Just let me V
그냥 내가 ~하게 해 줘.

위 표현은 내가 방해를 받을 것 같은 상황에서 지금 내가 하고 있는 일에 집중할 수 있게 해 달라고 부탁하는 표현입니다.

> **응용문장**

Just let me finish this phone call.
그냥 내가 이 전화 통화를 끝내게 해 줘.

I'm pretty sure (that) you will love this.

난 네가 이걸 좋아할 거라고 꽤 확신해.

I'm pretty sure (that) ~
난 ~라고 꽤 확신해.

위 표현은 100% 완벽한 확신은 아니지만 상당히 높은 확률로 나의 생각이 맞다고 판단될 경우 쓸 수 있는 표현입니다.

응용문장

I'm pretty sure (that) this is the correct answer.
난 이게 정답일 거라고 꽤 확신해.

I bet what you're wondering right now.

난 네가 지금
궁금해하고 있다는 걸 확신해.

I bet ~

난 ~라고[이라는 걸] 확신해.

bet은 '틀림없다, 분명하다'라는 뜻의 단어이며, 따라서 위 표현은 어떤 사실에 대해 확실한 믿음이 있을 경우 쓰는 표현입니다.

응용문장

I bet you're curious about this new project.
난 네가 이 새 프로젝트에 대해 궁금해할 거라고 확신해.

16

It's a good thing (that) the stock market is booming.

주식 시장이 호황이어서 다행이야.

It's a good thing (that) ~
~라서 다행이야.

위 표현은 직역하면 '~인 것은 좋은 것이야'이며, 이 말은 곧 좋은 것이기 때문에 심적으로 '~라서 다행이야'라고 풀이됩니다.

응용문장

It's a good thing (that) you reminded me of that.
네가 나에게 그걸 상기시켜줘서 다행이야.

It turns out (that) they react quite dramatically.

알고 보니 그들은
꽤 극적인 반응을 보이더라고.

It turns out (that) ~
알고 보니 ~이더라고.

위 표현은 주로 '생각했던/예상했던 것과 다른 결과, 모르고 있던 사실이 드러난 상황'을 묘사할 때 주로 쓰이는 표현입니다.

응용문장

It turns out (that) she's allergic to peanuts.
알고 보니 그녀가 땅콩에 알레르기가 있더라고.

Am I going the right way?

내가 옳은 길로 가고 있는 거야?

Am I V-ing?
내가 ~하고 있는 거야?

위 표현은 현재 내가 하고 있는 행위가 미심쩍거나 맞는지 아닌지 불확실할 경우 자문자답하는 뉘앙스로 말하는 표현입니다.

(응용문장)

Am I pronouncing this word correctly?
내가 이 단어를 정확하게 발음하고 있는 거야?

I have been to the White House.

난 백악관에 가 본 적이 있어.

I have been to N(Place)
난 ~에 가 본 적 있어.

위 표현은 어떠한 장소에 단순히 '갔다'라는 느낌이 아닌 '가 본 적이 있다'는 '경험의 뉘앙스'로 말하는 표현입니다.

응용문장

I have been to the Great Wall of China.
난 만리장성에 가 본 적이 있어.

18

What am I supposed to talk about?

내가 뭘
말해야 하는 거야?

What am I supposed to-V?
내가 뭘 ~해야 하는 거야?

위 표현은 내가 특정 상황에서 무엇을 하는 게 맞는 건지 불명확하거나 잘 모르겠는 경우 쓸 수 있는 표현입니다.

응용문장

What am I supposed to wear to the party?
내가 파티에 뭘 입어야 하는 거야?

Get used to the idea of being uncomfortable.

불편하다는 생각에
익숙해져라.

get used to N/V-ing
~에 익숙해지다

위 표현은 새로운 대상/환경/상황 등에 시간이 지나면서 점점 익숙해지는 상태로 변화한다는 뉘앙스의 표현입니다.

응용문장

I need to get used to the cold weather here.
난 이곳의 추운 날씨에 익숙해져야 해.

19

How am I supposed to answer this question?

내가 어떻게
이 질문에 답해야 하는 거야?

How am I supposed to-V?
내가 어떻게 ~해야 하는 거야?

위 표현은 내가 '어떤 방식으로' 주어진 일을 해야 하는지 불명확하거나 잘 모르겠는 경우 쓸 수 있는 표현입니다.

응용문장

How am I supposed to handle this situation?
내가 어떻게 이 상황을 처리해야 하는 거야?

They used to tell us this was a good way.

그들은 우리에게 이것이
좋은 방법이라고 말하곤 했어.

used to-V
(한때) ~했다[하곤 했다]

위 표현은 과거에 반복적으로 하던 행동이나 습관을 '(한때) ~했다[하곤 했다]'라는
뉘앙스로 말할 때 쓰는 표현입니다.

응용문장

I used to dislike coffee, but now I love it.
난 한때 커피를 싫어했어, 하지만 지금은 아주 좋아해.

20

Maybe you should talk about that a little bit.

넌 그 얘기를 좀 해야만 할 것 같아.

Maybe you should V
넌 ~해야만 할 것 같아.

위 표현은 '~해야 돼'라는 명령조 말투가 아닌, 상대방에게 선택의 여지를 주면서 부드럽게 권고하는 말투의 표현입니다.

응용문장

Maybe you should get a second opinion.
넌 다른 의견을 구해 봐야만 할 것 같아.

This can be used to let you know about something urgent.

이것은 네게 어떤 긴급한 것에 대해
알려 주는 데 사용될 수 있어.

can be used to-V
~하는 데 사용될 수 있다

위 표현은 어떤 대상이 가진 잠재적인 용도(특정 목적으로 사용될 수 있는 가능성)를 강조하며 말할 때 쓰는 표현입니다.

응용문장

Baking soda can be used to clean stains.
베이킹 소다는 얼룩을 제거하는 데 사용될 수 있어.

21

Since when did you start swearing?

넌 언제부터 욕을 하게 되었어?

Since when did you V?
넌 언제부터 ~하게 되었어?

위 표현은 상대방의 특정 행동에 호기심[놀라움]을 느끼며 언제부터 그걸 하게 됐는지 물어볼 때 쓰는 표현입니다.

Since when did you become fluent in English?
넌 언제부터 영어가 유창하게 되었어?

9

It's about time (that) everybody has the opportunity to use them.

이젠 모두가 그것들을 사용할
기회를 가질 때가 됐어.

It's about time (that) ~
이젠 ~할 때가 됐어.

위 표현은 어떤 것을 할 때가 거의 임박했다고 강조하면서 '기다리던 시간이 좀 길었다는 감정이 내포'된 표현입니다.

응용문장

It's about time (that) we protect our natural resources.
이젠 우리의 천연자원을 보호할 때가 됐어.

22

You are better off building a website.

넌 웹사이트를
만드는 것이 더 나아.

You are better off V-ing
넌 ~하는 것이 더 나아.

위 표현은 여러 옵션들 중 상대방이 상대적으로 더 좋은 결과를 얻을 수 있는 옵션을 제안할 때 쓰는 표현입니다.

You are better off saving money for the future.
넌 미래를 위해 저축을 하는 것이 더 나아.

It's almost time to say goodbye.

헤어질 때가 거의 다 됐어.

It's almost time to-V
~할 때가 다 됐어.

위 표현은 어떤 것을 해야 할 때가 '거의 임박'했을 때 쓰이며, '예정된 사건이 곧 일어날 것임을 강조'하는 표현입니다.

응용문장

It's almost time to pick up the kids from school.
학교에서 아이들을 데려올 때가 다 됐어.

Who's going to fix this problem?

누가
이 문제를 해결할래?

Who's going to-V?
누가 ~할래?

위 표현은 어떤 일을 해 줄 사람이 필요한 상황에서 '누가 ~할래?'라고 물으며 그 일에 자원할 사람이 있는지 확인할 때 쓰입니다.

> 응용문장

Who's going to clean up this mess?
누가 이 난장판을 치울래?

188

7

It's time to go to sleep.

자러 갈 시간이야.

It's time to-V
~할 시간이야.

위 표현은 어떤 것을 해야 할 때가 됐을 때 '~할 시간이야'라는 뜻으로 쓰며, to-V에 다양한 활동을 넣어 손쉽게 영작할 수 있습니다.

응용문장

It's time to get up and start the day.
일어나서 하루를 시작할 시간이야.

How did you first meet him?

어떻게
그를 처음 만났어?

How did you V?
어떻게 ~했어?

위 표현은 상대방의 특정 정보나 행동에 호기심을 느끼며 어떻게 그것을 하게 됐는지 물어볼 때 쓰는 표현입니다.

응용문장

How did you come up with that idea?
어떻게 그런 생각을 했어?

187

6

I know how to
ride a bicycle.

난 어떻게
자전거를 타야 하는지 알아.

I know how to-V
난 어떻게 ~해야 하는지 알아.

'I know(난 알아)+how to-V(~하는 방법) = 난 ~하는 방법을 알아'라는 말은 곧
'난 어떻게 ~해야 하는지 알아'로 풀이됩니다.

응용문장

I know how to change a flat tyre on a car.
난 어떻게 차의 펑크 난 타이어를 교체해야 하는지 알아.

What do you mean by the end of everything?

모든 게 끝난다는 게
무슨 뜻이야?

What do you mean by ~?
~이[~라는 게] 무슨 뜻이야?

위 표현은 상대방의 말이 불분명하거나 제대로 이해하지 못했을 경우 이를 명확히
이해하고자 묻는 질문입니다.

응용문장

What do you mean by the concept of infinity?
무한이라는 개념이 무슨 뜻이야?

5

I decided to sell everything I have.

난 내가 가진 모든 것을
팔기로 결심했어.

I decided to-V
난 ~하기로 결심했어.

위 표현은 외부 요인이 아닌 '나의 의지'를 가지고 스스로 뭔가를 하기로 결심했다는 뉘앙스로 말하는 표현입니다.

(응용문장)

I decided to pursue a career in marketing.
난 마케팅 쪽에서 경력을 쌓기로 결심했어.

26

It's been a while since I've seen a friend.

친구를 못 본 지
꽤 됐어.

It's been a while since ~
~인 지[이후로] 꽤 됐어.

위 표현은 과거의 특정 시점을 떠올리며 '그때 이후로 꽤 많은 시간이 흘렀지'라고
회상할 때 곧잘 쓰는 표현입니다.

응용문장

It's been a while since we last met.
우리가 마지막으로 만난 지[이후로] 꽤 됐어.

4

I told you I wanted to make a hamburger.

내가 햄버거를 만들고 싶다고 했잖아.

I told you I wanted to-V
내가 ~하고 싶다고 했잖아.

위 표현은 내가 원했던 바를 잊어버린 상대방에게 이를 다시금 상기시키고 싶을 경우 쓸 수 있는 표현입니다.

응용문장

I told you I wanted to spend more time together.
내가 좀 더 많은 시간을 함께 보내고 싶다고 했잖아.

27

Should I bring my umbrella?

내가 우산을
가져와야 할까?

Should I V?
내가 ~해야 할까?

위 표현은 내가 어떤 행동을 해야 할지 말지 결정 못 하고 있는 상황에서 상대방에게 조언을 구할 때 쓰는 표현입니다.

응용문장

Should I buy tickets in advance?
내가 티켓을 미리 사야 할까?

You wanted me to address this topic.

너 내가
이 주제를 다루기를 원했잖아.

You wanted me to-V
너 내가 ~하길 원했잖아.

위 표현은 '난 네가 하라고 해서 한 거다'라는 뉘앙스로 내 행동에 대해 해명하거나 상대방에게 책임을 돌리는 의도로 쓰입니다.

응용문장

You wanted me to handle the presentation.
너 내가 발표를 맡아 하기를 원했잖아.

28

Shouldn't you be doing something about this?

너 이 일에 대해 뭔가
조치를 취해야 되는 거 아냐?

Shouldn't you be V-ing?
너 ~해야 되는 거 아냐?

위 표현은 할 거라고 예상했던 행동을 상대방이 안 하고 있을 경우 '안 하고 뭐해?'
라는 뉘앙스로 꼬집는 표현입니다.

Shouldn't you be getting ready for the meeting?
너 회의 준비해야 되는 거 아냐?

2

All I want is a good wine to go with dinner.

내가 원하는 건 오직
저녁에 곁들일 수 있는 좋은 와인뿐이야.

All I want is N/to-V
내가 원하는 건 오직 ~뿐이야.

위 표현은 어떠한 대상[행위]을 간절히 원하고 있다는 나의 마음을 최대한 강조하며 말할 때 쓰는 표현입니다.

All I want is to find true love.
내가 원하는 건 오직 진정한 사랑을 찾는 것뿐이야.

I should have listened to him.

내가 그의 말을
들었어야 했는데.

I should have p.p.
내가 ~했어야 했는데.

위 표현은 과거에 하지 않았던 행동을 떠올리며 '(그때) 내가 ~했어야 했는데'라고
후회하는 뉘앙스로 말하는 표현입니다.

응용문장

I should have gone to bed earlier last night.
내가 어젯밤에 좀 더 일찍 자러 갔어야 했는데.

Do you ever get the feeling (that) something evil is hiding in your own bedroom?

너도 네 침실에 뭔가 사악한 것이
숨어 있다는 느낌 든 적 있어?

Do you ever get the feeling (that) ~?
너도 ~라는 느낌 든 적 있어?

위 표현은 내가 겪었던 느낌을 상대방도 느껴 본 적이 있는지 물어보며 공감을 구하고자 할 때 쓰는 표현입니다.

응용문장

Do you ever get the feeling (that) someone's watching you?
너도 누군가 널 쳐다보고 있다는 느낌 든 적 있어?

30

Do you have any idea what they care about?

넌 그들이
무엇에 신경 쓰는지 알아?

Do you have any idea ~?
넌 ~을 알아?

'~에 대해 어떤 생각이라도 있느냐?'라는 말은 곧 '~에 대한 그 어떤 정보라도 있느냐? → 넌 ~을 알아?'라고 풀이됩니다.

Do you have any idea why she seemed upset?
넌 그녀가 왜 우울해 보였는지 알아?

7

JULY

**The future depends on
what you do today.**

미래는 오늘 무엇을 하는지에 달려 있습니다 .

영어가 진짜 내 것이 되는 1일 1영어 습관

EBS 영어 방송 진행자   24만 영어 유튜버

권아나의
회화력 급상승
영어일력
365

권주현 · 김기성 지음

S 시원스쿨닷컴

INTRO

환영합니다!

**영어회화 초보가 영어로 말을 하기 위한
가장 효율적인 방법은 무엇일까요?**

아무리 많은 영어 지식을 머리에 넣고 있다고 해도
그게 입 밖으로 나오지 않으면 무용지물입니다.
그게 정렬이 되어 있지 않으면 머리를 채우고 있는
많은 영어 지식들이 회화에는 오히려 독이 될 뿐입니다.
그래서 영어로 말을 할 수 있는 장치, 즉 영어를 입 밖으로
내보낼 수 있는 트리거(trigger) 역할을 하는 장치가
굉장히 중요한데 그것이 바로 회화 패턴입니다. 따라서

본 일력에서는 미국, 영국에서 공통적으로 자주 쓰이는
알짜배기 회화 패턴 365개를 엄선하여
하루에 **1개씩** 최대한 쉽고 간단하게, 그리고 기억이 잘 되게끔
대표 예문들과 함께 소개하였습니다.

반복은 힘이 있습니다
이 책에 소개된 확정된 365개의 회화 패턴을
늘 습관처럼 듣고 말하는 연습을 반복해 보세요.
패턴 365개를 통해 수천 개 이상의 문장을
줄줄 입 밖으로 말하는 자신을 발견할 수 있을 것입니다.

권아나의 회화력 급상승
영어 일력 365

초판 1쇄 발행 2023년 12월 29일
초판 2쇄 발행 2024년 1월 22일

지은이 권주현 김기성
펴낸곳 (주)에스제이더블유인터내셔널
펴낸이 양홍걸 이시원

홈페이지 www.siwonschool.com
주소 서울시 영등포구 영신로 166 시원스쿨
교재 구입 문의 02)2014-8151
고객센터 02)6409-0878

ISBN 979-11-6150-793-4 12740
Number 1-120101-99991899-09

WHO

'권아나' 소개

아리랑국제방송, EBS 등 다양한 방송 매체에서 영어 교육 에듀테이너로 활약 중인 권주현 저자는 구독자 24만 유튜브 채널 '권아나TV'를 통해 교과서로는 절대 못 배울 생생한 영미권 회화 표현들을 마치 예능 프로그램을 진행하듯 재치 있는 입담으로 풀어 내며 수많은 영어 학습자들의 지지를 받고 있습니다. 또한 <권주현의 진짜 영국 영어>, <권아나의 영어 뉴스룸>, <네이티브력 급상승 영어 문장 300 입버릇 훈련> 등 시사부터 회화까지 다양한 분야의 영어 학습서를 집필하였습니다.

경력 & 학력
- 아리랑국제방송 뉴스 아나운서
- EBS FM '권주현의 진짜 영국 영어' 진행자
- SBS 모닝와이드 '스낵뉴스' 진행자
- 네이버 '권아나의 영어 뉴스룸' 외 다수
- 영어 교육 유튜브 채널
  '권아나TV(구독자 24만)' 운영
- 영국 사립학교
  Wimbledon House School
- 한동대 법학부(국제법 전공),
  서울대 국제대학원 졸업

I'm convinced (that) we can do it.

난 우리가 할 수 있다고 확신해.

I'm convinced (that) ~
난 ~라고 확신해.

'난 ~라고 확신하게 된 상태야'라고 해석되는 위 표현은 결국 '난 ~라고 확신해'라고 자연스럽게 풀이 가능합니다.

응용문장

I'm convinced (that) practice makes perfect.
난 연습이 완벽을 만든다고 확신해.